O ensaio geral
Marx e a crítica da economia política (1857-1858)

Coleção Economia Política e Sociedade

João Antonio de Paula (Org.)

Eduardo da Motta e Albuquerque
Ester Vaisman
Hugo Eduardo da Gama Cerqueira
João Machado Borges Neto
Leonardo Gomes de Deus
Maria de Lourdes Rollemberg Mollo
Maurício C. Coutinho
Rolf Hecker

O ensaio geral
Marx e a crítica da economia política (1857-1858)

autêntica

Copyright © 2010 Os autores

COORDENADOR DA COLEÇÃO ECONOMIA POLÍTICA E SOCIEDADE
João Antonio de Paula

PROJETO GRÁFICO DE CAPA
Diogo Droschi

PROJETO GRÁFICO DE MIOLO
Conrado Esteves

EDITORAÇÃO ELETRÔNICA
Christiane Morais de Oliveira

REVISÃO
Vera Lúcia de Simoni Castro

Revisado conforme o Novo Acordo Ortográfico.

Todos os direitos reservados pela Autêntica Editora. Nenhuma parte desta publicação poderá ser reproduzida, seja por meios mecânicos, eletrônicos, seja via cópia xerográfica, sem a autorização prévia da Editora.

AUTÊNTICA EDITORA LTDA.
Rua Aimorés, 981, 8º andar . Funcionários
30140-071 . Belo Horizonte . MG
Tel: (55 31) 3222 68 19
Televendas: 0800 283 13 22
www.autenticaeditora.com.br

Dados Internacionais de Catalogação na Publicação (CIP)
(Câmara Brasileira do Livro, SP, Brasil)

O ensaio geral : Marx e a crítica da economia política (1857-1858) / João Antonio de Paula (Org.). – Belo Horizonte : Autêntica Editora, 2010. – (Economia Política e Sociedade, v. 2)

Vários autores.
ISBN 978-85-7526-470-6

1. Economia Marxista 2. Filosofia marxista 3. Marx, Karl, 1818-1883 - Crítica e interpretação 4. Política - Filosofia. I. Paula, João Antonio de. II. Título. III. Série.

10-04725	CDD-335.412

Índices para catálogo sistemático:
1. Economia marxista   335.412
2. Economia política : Crítica marxista   335.412

Sumário

7   Apresentação
João Antonio de Paula

    Parte I: As obras completas de Marx e Engels e o significado dos *Grundrisse*

13   David Riazanov e a edição das obras de Marx e Engels
Hugo Eduardo da Gama Cerqueira

33   Do marxismo à marxologia: fortuna e perspectivas das edições das obras completas de Marx e Engels
Leonardo de Deus

51   A história desconhecida da primeira publicação dos *Grundrisse* sob o stalinismo
Rolf Hecker

61   Roman Rosdolsky: um intelectual em tempos de extremos
João Antonio de Paula

73   Osignificado dos *Grundrisse* e a filosofia
Ester Vaisman

    Parte II: O Ensaio Geral da Crítica da Economia Política

89   A "introdução" dos *Grundrisse*
João Antonio de Paula

109   O dinheiro no capital e nos *Grundrisse*
Mauricio C. Coutinho

117 Valor e dinheiro nos *Grundrisse*:
uma discussão contemporânea
Maria de Lourdes Rollemberg Mollo

139 Darimon, bancos e crédito: notas sobre os
Grundrisse e a transição para o socialismo
Eduardo da Motta e Albuquerque

161 Valor e esgotamento do Capitalismo nos *Grundrisse*
João Machado Borges Neto

175 Sobre os autores

Apresentação

João Antonio de Paula

Foi quase irresistível acrescentar a palavra "quase" ao título deste livro. De fato, os *Grundrisse* (*Der Grundrisse der Kritik der Politischen Ökonomie*), escrito por Marx entre 1857 e 1858, não são, inteiramente, o "ensaio geral" de *O capital*, cujo Tomo 1 foi publicado em 1867. Escrito como balanço do longo itinerário de estudos sobre economia política iniciado em 1842/43, os *Grundrisse*, cuja tradução seria *Fundamentos*, não é um texto redigido com propósito de publicação. Quando confrontado com outros textos de Marx, marcados por pronunciado cuidado estilístico, como *18 de Brumário de Luís Bonaparte*, de 1852, como *Herr Vogt*, de 1860, ou com textos que trazem a novidade teórico-metodológica, que caracteriza o projeto marxiano, como *Para a crítica da Economia Política*, de 1859, ou *O capital*, de 1867, ressalta-se o inacabamento dos *Grundrisse*, seu caráter às vezes elíptico, às vezes cifrado, outras vezes ainda exploratório, que demandaria reelaboração sistemática para ter plena eficácia expositiva.

O próprio Marx chamou a atenção para o decisivo papel da *exposição* para a realização de um projeto teórico que tinha consciência de sua novidade, e que sabia que o sucesso do que se pretendia dependia da exata confirmação da fusão de uma *forma* revolucionária, que pudesse fazer aparecer, inteiramente, um *conteúdo* revolucionário.

Essa exigência está, entre outras questões, na base do exaustivo trabalho de aperfeiçoamento da forma de exposição do Livro I de *O capital*, que durou exatos 10 anos, de 1857 a 1867.

Com efeito, desde o início da redação dos *Grundrisse*, Marx já se achava em condições de iniciar a redação de sua "crítica da economia política". É certo que estava ainda pouco desenvolvida a sua teoria do valor, que faltava o decisivo capítulo inicial sobre a mercadoria; contudo, o núcleo essencial de sua teoria, a teoria da mais valia e do capital já estavam suficientemente desenvolvidos para autorizar que ele empreendesse a *exposição* dos resultados de sua pesquisa, segundo as exigências da lógica dialética, que ele havia transfigurado com base em Hegel.

Texto emblemático da extraordinária envergadura teórica de Marx, os *Grundrisse* têm uma história complexa e atribulada, como ver-se-á neste livro.

Para comemorar os 150 anos de redação dos *Grundrisse*, o grupo de pesquisa sobre Economia Política Contemporânea, do Cedeplar/Face/UFMG, com apoio da Fundep, realizou em outubro de 2008 um seminário para discutir o seu significado e atualidade.

O livro que se está apresentando é o resultado daquele seminário e está dividido em duas partes. Na primeira, estão os textos de Hugo Eduardo da Gama Cerqueira, Leonardo Gomes de Deus, Rolf Hecker, Ester Vaisman e do autor desta apresentação, que abordam diversos aspectos dos *Grundrisse* no âmbito das tentativas de edição das obras completas de Marx e Engels, desde os anos 1920.

Escrito entre 1857 e 1858, os *Grundrisse* têm uma movimentada história editorial. Em 1903, Kautsky publicou a *Introdução* dos *Grundrisse*. Em 1939/41, foi publicado, em dois volumes, o texto completo dos *Grundrisse*. A segunda guerra interrompeu qualquer repercussão maior do livro, que só passou, efetivamente, a ser estudado e discutido nos anos 1960, a partir do decisivo livro de Roman Rosdolsky.

Na primeira parte do livro que se vai ler, destacam-se personagens decisivos – David Riazanov, Pavel Voller e Roman Rosdolsky –, grandes nomes da cultura socialista e marxista que se quer homenagear.

A segunda parte traz os textos de Maurício Coutinho, João Machado Borges Neto, Eduardo da Motta e Albuquerque, Maria de Lourdes Rollemberg Mollo e João Antonio de Paula, que analisam os seguintes aspectos dos *Grundrisse*: a introdução; o capítulo sobre o dinheiro, aspectos da relação entre a teoria do valor, a do dinheiro e a do capital.

Falou-se aqui de incompletude, do inacabamento dos *Grundrisse*. Se isso é verdade, não se perca de vista que os *Grundrisse* também são, sob decisivos aspectos, textos únicos e insubstituíveis ao abordar, de maneira inteiramente luminosa, questões cruciais, como as formas de produção pré-capitalista, como o significado histórico do avanço científico e tecnológico.

Para Rosdolsky, haveria ainda outra singularidade dos *Grundrisse*, que afirma a sua absoluta centralidade para a compreensão da obra de Marx, que é o fato de permitir que se possa reconstituir o percurso da construção teórica de Marx. De fato, os *Grundrisse*, quando comparados a *O capital*, assemelham-se a um prédio, que, ainda em construção, exibe os andaimes, as escoras, as amarrações, que, cumprindo suas funções no processo construtivo, são retirados no final, impedindo aos que só conhecem o prédio depois de construído, de apreciarem as complexas providências que são necessárias para que a obra se apresente equilibrada, como se sua geométrica precisão estivesse sempre dada, como se o apuro estrutural, como se a elegância da exposição não fossem resultado de uma laboriosa reelaboração.

Ao deixar visíveis os materiais auxiliares os suportes de sua própria elaboração, os *Grundrisse* nos permitem que nos avizinhemos mais do modo próprio de funcionamento do pensamento marxiano.

PARTE I

AS OBRAS COMPLETAS DE MARX E ENGELS E O SIGNIFICADO DOS *GRUNDRISSE*

David Riazanov e a edição das obras de Marx e Engels[*]

Hugo Eduardo da Gama Cerqueira

O nome de David Riazanov (1870-1938) é conhecido dos que se interessam pela história do marxismo. É provável que a maioria recorde-se dele como o autor de uma biografia popular de Marx e Engels, escrita com base nas nove conferências que pronunciou sobre o tema em 1923, na Academia Socialista, em Moscou.[1] Outros lembrarão dele como um dos mais importantes intelectuais russos do início do século XX, ou como o historiador do marxismo e do movimento operário, o editor de textos clássicos de economia e filosofia, o líder político e sindical, o revolucionário que tomou parte ativa nos acontecimentos de 1917.

Dotado de uma memória fabulosa e de imensa capacidade de trabalho, Riazanov foi uma personalidade fascinante e multifacetada. Capaz de cativar as crianças com suas proezas de ginasta e seu comportamento rumoroso e divertido, ele também foi um homem destemido e impetuoso, "organicamente incapaz de covardia" (TROTSKY, 1978, p. 197; 1931). Conta-se que, numa das reuniões do Partido, interrompeu um discurso de Stalin dizendo: "Deixe disso, Koba, não se faça de tolo. Todo mundo sabe que teoria não é exatamente seu forte" (DEUTSCHER, 1970, p. 261, tradução alterada). Ao mesmo tempo, era um *scholar* erudito, um pesquisador talentoso e escrupuloso, apaixonado por seu trabalho a ponto de ser lembrado como alguém que lia o tempo todo e em todo lugar. Era "incontestavelmente o homem mais culto do Partido", um "marxista erudito e o *enfant terrible* do Partido" (LUNACHARSKY, 1967, p. 77; CARR, 1953, p. 52).[2]

---

[*] A motivação para redigir este artigo veio de um convite para participar da mesa redonda sobre "A publicação das obras completas de Marx e Engels" no seminário 150 anos dos Grundrisse, promovido em 2008 pelo Grupo de Pesquisa em Economia Política Contemporânea do Cedeplar-UFMG. Registro meu agradecimento aos colegas João Antonio de Paula e Eduardo da Motta e Albuquerque pelo convite e por seu estímulo. Agradeço também a Michael Krätke e Bud Burkhard por sua colaboração.

[1] Publicado pela primeira vez em 1923, em russo, o livro foi traduzido no mesmo ano para o francês e, em 1927, para o inglês. Há uma edição brasileira lançada pela Global Editora (RIAZANOV, 1983).

[2] Cf. também os artigos de Max Shachtman (1942) e Boris Souvarine (1931).

Já foi dito, com razão, que é difícil não simpatizar com alguém assim (BURKHARD, 1985, p. 39). E, no entanto, por muito tempo, uma cortina de fumaça pairou sobre o nome de Riazanov. Expulso do Partido e impedido de continuar à frente de seu trabalho editorial, seu nome foi apagado da história russa e condenado àquela espécie de esquecimento compartilhada por tantos outros que sofreram, como ele, o peso da repressão stalinista. De tal modo que, até recentemente, pouco se sabia sobre os detalhes de sua biografia e de seu trabalho, prevalecendo muita incerteza e versões desencontradas sobre sua vida, mas também sobre as circunstâncias associadas a sua morte (BURKHARD, 1985). Nos últimos anos, a partir da abertura dos arquivos soviéticos, um conjunto de pesquisas feitas na Rússia e na Alemanha tem contribuído para alterar esse quadro.[3]

O objetivo deste texto é o de lançar alguma luz sobre a vida e a obra de Riazanov, enfatizando-se a análise de seu papel à frente da primeira tentativa de editar as obras completas de Marx e Engels, a *Marx Engels Gesamtausgabe* (MEGA). Não há aqui qualquer pretensão de apresentar dados novos obtidos em pesquisas de fontes primárias. Trata-se apenas de reunir informações dispersas na literatura sobre o período e confrontar versões muitas vezes incompletas ou até contraditórias sobre sua biografia e seu trabalho, buscando contribuir para tirá-los do esquecimento em que foram lançados.

Os primeiros anos[4]

David Borisovich Goldendach (Давид Борисович Гольдендах) nasceu em Odessa (Ucrânia), no dia 10 de março de 1870, filho de pai judeu e mãe russa. Envolveu-se com a militância revolucionária muito jovem, antes mesmo de tornar-se adulto, o que acabaria por lhe render longos períodos de prisão e exílio. Aos 15 anos, ainda estudante, juntou-se aos remanescentes da *Narodnaia Volia*, organização terrorista criada em 1879 por militantes *narodniks*. Foi expulso do Ginásio de Odessa no ano seguinte – não por suas atividades políticas, como seria de se esperar, mas pelo que seus professores consideravam uma "incapacidade irremediável". Dedicou-se então a estudar

---

[3] Alguns dos principais achados destas pesquisas foram expostos numa biografia publicada em 1996: Rokitianskii, Iakov; Müller, Reinhard. *Krasnyi Dissident: Akademik Riazanov - opponent Lenina, zhertva Stalina*: biograficheskii ocherk, dokumenty, Moscou: Academia, 1996, 464 p. A divulgação desses achados esbarra, porém, na barreira da língua.

[4] Esta seção e a seguinte baseiam-se extensamente no trabalho de Beecher e Fomichev (2006) – que, por sua vez, apoiam-se na biografia de Rokitianskii e Muller mencionada na nota anterior –, bem como em Burkhard (1985) e Leckey (1995).

os clássicos do socialismo e o primeiro livro de *O capital*. Sua transição do populismo ao marxismo não foi instantânea, mas resultado de muita leitura, reflexão e atividade política.

Viajou ao exterior em 1889 e 1891 para estabelecer contatos com os círculos de emigrados, encontrando-se pela primeira vez com Georgi Plekhanov (1856-1918), a grande referência marxista para os russos desse período. Na mesma época, Riazanov participou do primeiro congresso da II Internacional e travou relações com alguns dos expoentes do movimento socialista, como Auguste Bebel (1840-1913), Karl Kautsky (1854-1938) e Eduard Bernstein (1850-1932), além de Laura Marx (1845-1911) e seu marido, Paul Lafargue (1842-1911).

Figura 1 - David Borisovich Riazanov

Ao retornar de sua segunda viagem, em outubro de 1891, foi preso na fronteira entre a Áustria e a Rússia. Permaneceu encarcerado em Odessa, até fevereiro de 1893, quando foi transferido para a famosa prisão de Kresti, em São Petersburgo. Passou ali quatro anos, boa parte deles em isolamento. Durante o período em que ficou na prisão, procurou estabelecer uma rotina que combinava exercícios físicos e uma intensa atividade intelectual, incluindo a tradução de textos de economia política, estudos sobre história, economia e literatura, e a oferta de cursos sobre Marx.

Por volta de 1900, já no exílio, adotou o sobrenome Riazanov (Рязанов) por pseudônimo.[5] Na mesma época, juntou-se a Yuri Steklov (1873-1941) e outros marxistas russos para criar o grupo *Borba*, que propugnava a união dos social-democratas russos, divididos em diferentes grupos e facções. Aproximou-se de Lênin e colaborou com o *Iskra* e a *Zaria*, mas, já em 1903, após o segundo congresso do Partido Operário Social-Democrata russo, expressou suas divergências com relação ao centralismo e às tendências antidemocráticas dos bolcheviques, mantendo-se distante dos grupos em disputa.

Com a Revolução de 1905, Riazanov retornou à Rússia e tomou parte na luta contra o czarismo, envolvendo-se ativamente com o trabalho de organização sindical em São Petersburgo. Foi novamente preso e deportado em 1907. Seu segundo período de exílio duraria dez anos, durante os quais ele procurou conciliar a atividade política com um amplo esforço de pesquisa e publicação.

Perseverando na defesa da unificação das diferentes correntes do socialismo russo, Riazanov colaborou indistintamente com bolcheviques e mencheviques. Aproximou-se de Anatoly Lunacharsky (1875-1933), com quem faria amizade duradoura. Juntos participaram dos cursos de formação política organizados por Alexander Bogdanov (1873-1928) em Capri, na Itália, em 1909. No ano seguinte, durante o Congresso da II Internacional em Copenhagen, na Dinamarca, defendeu Trotsky – com quem também manteria um vínculo prolongado – das críticas formuladas por Lênin e Plekhanov. Em 1911, participou da escola de formação de quadros organizada por Lênin em Longjumeau, nos arredores de Paris, na França, voltando a aproximar-se dele durante a I Guerra: em 1915, quando ambos participaram da Conferência de Zimmerwald e, mais tarde, quando se encontraram em Zurique, na Suíça.

Os anos de exílio foram ricos em termos intelectuais. Em 1909, Riazanov foi incumbido pela Biblioteca Anton Menger, de Viena, Áustria, de reunir e publicar documentos sobre a história da I Internacional, o que lhe franqueou acesso às principais bibliotecas e arquivos europeus. Ao mesmo tempo, os contatos estabelecidos anteriormente com Bebel e Kautsky asseguraram-lhe o acesso aos manuscritos de Marx e Engels, que estavam de posse do Partido

---

[5] Graças à existência de diferentes regras de transliteração, este sobrenome aparece grafado como Rjasanoff, Ryazanov, Rjazanow, entre outras variantes. Para tornar as coisas ainda menos simples, Riazanov também usou o pseudônimo de Bukvoyed (ou Bukoved), que pode ser traduzido como "cupim" ou "traça de livro" (PEARCE, 2003, p. 11; BURKHARD, 1985, p. 40).

Social-Democrata alemão (SPD), bem como aos textos de Marx, preservados por Laura Lafargue. Aos poucos, Riazanov tornou-se o maior conhecedor do legado literário daqueles dois autores e foi pressionado pelos dirigentes do SPD a dar continuidade ao trabalho de divulgação de seus textos inéditos ou esquecidos, esforço iniciado alguns anos antes por Franz Mehring (1846-1919) (1902). Entre os resultados desse trabalho, merece destaque a publicação em 1917 de dois volumes reunindo os artigos escritos por Marx e Engels nos anos 1850 para jornais, como o *New York Tribune* e o *People's Paper* (RJAZANOV, 1917).

Para além do trabalho arquivístico e editorial, as pesquisas de Riazanov resultaram em textos publicados em diferentes revistas alemãs e russas – como *Die Neue Zeit, Der Kampf, Prosveshchenie* e *Sovremennii Mir* –, além de uma série de artigos no *Archiv für die Geschichte des Sozialismus und der Arbeiterbewegung*, o famoso periódico editado por Carl Grünberg (1861-1940). Entre os textos publicados nesse período, incluíam-se artigos sobre "as origens da supremacia russa na Europa segundo Marx", sobre a "questão polonesa segundo Marx e Engels", além da edição comentada de cartas inéditas de Lassale, Bakunin e Jacoby (RJAZANOV, 1913, p. 129-142; 1915, p. 182-199; 1916, p. 446).

Os anos da revolução e o Instituto Marx Engels

Com o início da Revolução de Fevereiro de 1917, Riazanov decidiu retornar à Rússia. Partiu da Suíça em maio, viajando através da Alemanha, num trem selado, em companhia de Lunacharsky e dezenas de outros revolucionários. Depois de sua chegada, engajou-se em intensa atividade política. Participou, de início, do *Mezhraiontsy* (Interdistrital), pequeno grupo baseado em Petrogrado, Rússia, no qual também militaram Trotsky e Lunacharsky. No final de julho, esse grupo juntou-se aos bolcheviques, e, a partir daí, Riazanov tornou-se um de seus mais destacados oradores e ativistas; foi eleito para o presidium do II Congresso dos Soviets e tomou parte no Conselho Central Sindical da Rússia. Em outubro, a exemplo de outros tantos bolcheviques e mencheviques, ele se opôs à insurreição armada convocada por Lenin.

Nos meses seguintes, discordaria dos bolcheviques em diferentes situações: propôs uma coalizão de governo com os mencheviques e os socialistas-revolucionários (a quem insistia em chamar de "camaradas" apesar das admoestações que recebeu da direção do Partido), protestou contra o fechamento de jornais e revistas, atacou a decisão de fechar a Assembleia Constituinte e opôs-se à assinatura do Tratado de Brest-Litovsk.[6] Além disso, divergiu dos bolcheviques em questões de organização partidária, defendendo a liberdade de discussão e a democracia partidária contra a burocratização e as práticas autoritárias do Comitê Central, afirmando certa vez que "discussões, camaradas, não fazem mal ao nosso partido. Discussões apenas fortalecem o nosso Partido" (*apud* BEECHER; FORMICHEV, 2006, p. 125).

Recusando-se a permanecer calado diante de decisões que contrariavam seus princípios, poucos tomaram a sério suas intervenções, preferindo tratá-lo como uma espécie de "temperamental excêntrico", alguém a quem se deveria deixar falar, mas que não deveria ser levado a sério. Temido por sua influência nos meios sindicais, Riazanov foi tolerado pelo Partido, ao qual continuou ligado apesar das divergências com a direção. Em 1921, após um confronto público e tenso com Stalin durante o IV Congresso dos Sindicatos de toda a Rússia, ele foi afastado da militância sindical. Choques com a direção do Partido voltaram a ocorrer nos anos seguintes, levando-o a reafirmar sua independência e seu direito ao exercício da crítica. Em 1924, demarcou sua posição declarando: "Não sou um bolchevique, não sou um menchevique, não sou um leninista. Sou apenas um marxista e, enquanto marxista, sou um comunista" (*apud* BURKHARD, 1985a, p. 45). De todo modo, a partir de 1921, seu envolvimento com a militância política e sindical declinou, abrindo espaço para que ele se ocupasse mais intensamente de suas tarefas como pesquisador e administrador acadêmico.

Nos primeiros anos pós-Revolução, Riazanov esteve às voltas com problemas administrativos ligados à reorganização e ao funcionamento do ensino superior e das instituições de pesquisa soviéticos. De 1918 a 1920, esteve à frente do Comitê Central para Direção dos Arquivos, desempenhando papel fundamental na preservação dos acervos de arquivos e bibliotecas russos, o que lhe assegurou o respeito de historiadores ligados à Universidade de Moscou. Paralelamente, participou de maneira ativa dos trabalhos da Academia Socialista, criada em 1918 para a promoção da pesquisa marxista.

Mas a maior conquista de Riazanov foi a criação do Instituto Marx Engels (IME), centro devotado à pesquisa histórica sobre o marxismo, bem como à investigação dos movimentos operário e comunista. Fundado em janeiro de 1921, o instituto funcionou até essa data como uma seção da Academia Socialista, sendo então colocado sob a jurisdição do TsIK, o Comitê Executivo do Congresso dos Soviets de toda a Rússia – fora, portanto, do

---

[6] Neste caso, por entender que a paz favoreceria as forças reacionárias e deteria a revolução na Alemanha.

controle direto do Partido.[7] Desde o início, Riazanov assegurou-se de obter um significativo apoio material e financeiro para a organização do IME, bem como independência para recrutar o seu *staff* entre os especialistas disponíveis, a maioria deles sem nenhum vínculo com o Partido.

No que diz respeito ao último aspecto, é fato que boa parte dos bolcheviques com os requisitos e a formação necessários para participar dos trabalhos do instituto já estava ocupada em cargos de governo, o que tornava mais palatável a decisão de Riazanov de recrutar quadros técnicos entre adversários e dissidentes do regime, a exemplo do que fizeram outras instituições e órgãos governamentais (TROTSKY, 1931). Na verdade, ele foi mais longe ao indicar, por exemplo, Abram Moiseevich Deborin (1881-1963) para a função de seu vice-diretor. Filósofo renomado que protagonizou a controvérsia entre os "mecanicistas" e os "dialéticos" nos anos 1920 e que dirigiu a famosa revista *Pod znamenem marksizma* (Sob a bandeira do marxismo) entre 1926 e 1930, Deborin esteve ligado aos mencheviques de 1907 a 1917. Tendo abandonado a atividade política em 1917 para dedicar-se ao ensino, sua efetiva ruptura com os mencheviques permanece objeto de controvérsia. O fato, porém, é que ele só se filiou ao Partido Comunista em 1928 (AHLBERG, 1961, p. 80). A exemplo dele, a presença nos quadros do instituto de um número expressivo de "ex-mencheviques", de "ex-socialistas revolucionários", bem como de esposas e parentes de dissidentes do regime chamava a atenção. Por volta de 1930, apenas 39 dos 139 membros do *staff* do IME eram filiados ao Partido.[8] Autorizado pelo Comitê Central a fazer essas contratações, Riazanov não hesitou em sair em defesa de seus colaboradores quando as circunstâncias o exigiram nem se intimidava com os críticos. Ao contrário, fazia troça da situação dizendo: "Somos uma espécie de *salon des refusés*" (BEECHER; FORMICHEV, 2006, p. 126; BURCKHARDT, 1985a, p. 42).

Igualmente decisiva foi sua capacidade de reunir os recursos financeiros e materiais para a organização do Instituto Marx Engels. É preciso reconhecer que, desde os primeiros anos do novo regime, os bolcheviques atribuíram importância à criação de instituições voltadas para a reforma do ensino e da pesquisa e para a formação de uma nova intelectualidade: a Academia

---

[7] Ao contrário do que ocorreu com o Instituto Lenin, criado em 1924 para publicar as obras de Lenin e preservar seu arquivo.

[8] Até mesmo Trotsky, deportado em Alma Ata por "atividades contrarrevolucionárias", recebeu o apoio de Riazanov. Foi contratado para traduzir o *Herr Vogt*, de Marx, para o russo e para rever traduções e provas de outros textos da edição russa das obras de Marx e Engels, o que lhe assegurou os recursos necessários para prover às necessidades de sua família e pagar as despesas com sua copiosa correspondência política (DEUTSCHER, 1968, p. 423).

Socialista, o Instituto dos Professores Vermelhos, a Universidade Comunista Sverdlov, entre outras. Ainda assim, o apoio que Riazanov logrou obter foi impressionante, tanto mais se tivermos em mente o quadro de crise econômica e de dificuldades políticas desse período, anos de fome e de guerra civil. Apesar de suas divergências, Lenin e o governo deram pronto e decidido suporte ao instituto, provendo somas consideráveis para a compra de livros e documentos que constituiriam o seu acervo e concedendo isenções e privilégios para que sua organização pudesse ocorrer sem os entraves burocráticos e as restrições usuais.

Instalado na antiga residência dos príncipes Dolgorukov em Moscou, o IME tinha por objetivo inicial ser uma espécie de laboratório para o estudo do nascimento e desenvolvimento da teoria e práxis do marxismo. Aos poucos, ampliou seu escopo para incluir tudo aquilo que dissesse respeito ao movimento operário e às lutas de libertação popular (L.B., 1931). Abrigando uma biblioteca, um arquivo e um museu, organizou-se inicialmente em cinco departamentos ou gabinetes dedicados a temas específicos: Marx e Engels, a história do socialismo e do anarquismo, a economia política, a filosofia, a história da Inglaterra, da França e da Alemanha. Mais tarde, o leque de temas e de gabinetes foi ampliado para incluir, entre outros, a história da ciência, as relações internacionais, a história do direito, etc.

Nos anos 1920, o museu do IME organizou uma série de grandes exposições, com a exibição do seu rico acervo de impressos, retratos, medalhas e outros objetos. Entre as exposições mais notáveis, além daquela sobre a vida e obra de Marx e Engels, registram-se a mostra sobre a Revolução Francesa, realizada em 1928, e uma exposição sobre a Comuna de Paris (L.B., 1931).

Mas foi a aquisição e organização do acervo da biblioteca e do arquivo do instituto que animaram sua vida durante os primeiros anos de sua existência. De início, Riazanov pode contar com livros confiscados pelo governo de bibliotecas privadas, além daqueles obtidos em bibliotecas de outras instituições públicas. Contudo, dadas as restrições à divulgação de literatura socialista na Rússia czarista e a própria extração social dos proprietários dessas bibliotecas, poucos livros de interesse – isto é, volumes sobre a história do movimento operário e comunista – poderiam ser obtidos dessa maneira (L.B., 1931). Um fluxo regular de novos livros foi assegurado pela transformação do instituto em biblioteca depositária oficial. Mas foi, sobretudo, por meio de um amplo programa de aquisições no exterior que o acervo da biblioteca do IME pôde crescer até atingir a reputação de ser uma das maiores instituições de sua natureza.

Em 1920, quando o instituto ainda não passava de um braço da Academia Socialista, Riazanov deu início à compra de bibliotecas privadas na Europa, começando pelas coleções de Theodore Mautner (1855-1922) e Wilhelm Pappenheim (1860-1939), com mais de 20 mil volumes, e a de Carl Grünberg, com mais de 10 mil volumes, além de jornais e brochuras. Riazanov organizou uma rede de correspondentes nas principais cidades europeias para selecionar e adquirir livros e documentos. Ele próprio viajou ao Ocidente diversas vezes durante o verão para participar de leilões de bibliotecas particulares e de coleções de cartas e manuscritos. Em 1921, o instituto adquiriu a biblioteca do grande filósofo neokantiano, Wilhelm Windelband (1848-1915); em 1923, a coleção de jornais revolucionários de S. Kliachko, antigo populista russo; em 1925, uma coleção de manuscritos e livros do (e sobre o) filósofo alemão Max Stirner, comprados dos herdeiros de John Henry Mackay (1864-1933), o escritor e anarquista escocês; em 1926, uma coleção de livros sobre história da moeda e dos bancos e outra de livros e panfletos sobre a Revolução Francesa; no ano seguinte, uma grande coleção de livros, pôsteres, proclamações, retratos e cartas relacionados à revolução de 1848-1849 no Império Austro-Húngaro, na Itália e nos países eslavos. De tal modo que, por volta de 1930, a biblioteca do IME já abrigava cerca de 450 mil volumes,[9] muitos dos quais raros: primeiras edições de obras de Marat, Robespierre, Babeuf e Owen, coleções de periódicos do período revolucionário na França, como *L'Ami du Peuple* e *Le Père Duchesne*, além de mais 400 títulos de periódicos do período revolucionário de 1848, entre inúmeros outros itens (BEECHER; FORMICHEV, 2006, p. 127-128; L.B., 1931).

Não por acaso, o IME tornou-se nesse período uma referência para os inúmeros intelectuais, russos ou estrangeiros, interessados no estudo do marxismo. Entre os que o visitaram (ou ali trabalharam), estiveram nomes significativos e de diferentes matizes políticos: dirigentes políticos como o alemão Karl Kautsky, o húngaro Béla Kun (1886-1938) e o belga Emile Vandervelde (1866-1938), intelectuais como o filósofo americano Sidney Hook (1902-1989), o economista alemão Friedrich Pollock (1894-1970), o historiador francês Pierre Pascal (1890-1993). Como resultado, Riazanov alcançou o reconhecimento internacional por seu trabalho, dirigindo as atividades do instituto com plenos poderes, a ponto de optar por residir numa casa construída junto ao Palácio Dolgorukov, de modo a controlar melhor e de perto cada detalhe de seu funcionamento (BEECHER; FORMICHEV, 2006, p. 130-131).

---

[9] Em 1925, eram cerca de 175 mil (BURKHARD, 1985, p. 44).

Paralelamente, sob o IME desenvolveu perante sua direção um amplo projeto editorial. Durante os seus primeiros dez anos, foram publicadas as obras completas de Plekhanov, além de edições em russo dos grandes teóricos do marxismo (Kautsky, Rosa Luxemburgo, Antonio Labriola); uma *Biblioteca Materialista* com traduções de filósofos como Hobbes, Diderot, Holbach e Feuerbach; uma biblioteca de *Clássicos da Economia Política* (Smith, Ricardo e outros), além de uma *Biblioteca Marxista* com edições comentadas de textos de Marx e Engels, como o *Manifesto Comunista* (L.B., 1931). O instituto abrigou ainda dois periódicos. O primeiro e o mais importante, o *Arkhiv K. Marksa i F. Engel'sa* (Arquivo Marx e Engels), foi editado por Riazanov entre 1924 e 1930, lançando cinco volumes que combinavam artigos de colaboradores – entre os quais Deborin (que funcionou como uma espécie de coeditor informal da revista), o filósofo húngaro György Lukács (1885-1971) e o economista russo Isaak Illich Rubin (1886-1937) – e uma série de textos inéditos de Marx e Engels, devidamente comentados por Riazanov. Entre os últimos, foram publicadas as *Teses sobre Feuerbach* (no volume 1), partes da *Ideologia Alemã* (volumes 1 e 4) e dos *Manuscritos de 1844* (volume 3), as cartas de Marx a Vera Zasulich (volume 1) e trechos da *Dialética da Natureza* (volume 2), entre outros trabalhos que se revelaram fundamentais para a revisão das interpretações correntes da obra marxiana.[10] O segundo periódico, *Letopisi Marksizma* (Anais do Marxismo), foi editado por Riazanov de 1926 a 1930, período em que foram lançados 13 números.[11]

Mas não resta dúvida de que, no plano editorial, o projeto mais importante de Riazanov à frente do IME foi a publicação das obras completas de Marx e Engels, a *Marx Engels Gesamtausgabe* (MEGA), como veremos em seguida.

A edição da MEGA

Uma comissão especial da editora estatal russa (a *Gozizdat*) foi estabelecida em 1920 com a responsabilidade de editar as obras de Marx. Conhecida como "Comissão Marx", participaram dela, além de Riazanov, Nikolai

---

[10] Uma relação completa dos trabalhos publicados nos cinco volumes pode ser encontrada em Burkhard (1985b, p. 75-79). Dois números de uma edição alemã da revista foram lançados em 1926 e 1927. A partir de 1932, seu nome foi alterado para *Arkhiv Marksa i Engel'sa*, e ela passou a ser editada pelo sucessor de Riazanov na direção do instituto.

[11] A relação dos textos publicados na revista pode ser consultada em BURKHARD (1985b, p. 82-88).

Leonidovich Mescheryakov (1865-1942) e Ivan Ivanovich Skvortsov-Stepanov (1870-1928).[12] Mas foi a criação do Instituto Marx Engels, em janeiro de 1921, que estabeleceu as condições para o desenvolvimento do projeto de uma edição crítica em alemão das obras de Marx e Engels. Uma equipe de pesquisadores qualificados foi contratada para desenvolver o trabalho editorial, e a rede de representantes do instituto no continente foi mobilizada para reunir o material necessário: a aquisição de originais ou a realização de cópias das cartas, manuscritos, livros, etc. (ZAPATA, 1985, p. 36-37).[13]

O plano editorial da primeira MEGA previa o lançamento de 42 volumes divididos em quatro partes ou seções (RJAZANOW, 2007; ZAPATA, 1985; MUSTO, 2007). Desses, somente 11 volumes chegaram a aparecer (ver o Quadro I).[14]

A primeira parte deveria reunir os escritos de Marx e Engels com exceção daqueles relacionados a *O capital*. Prevista para chegar a 17 volumes, somente sete foram publicados, os quais continham os textos redigidos até 1852, como *A sagrada família* e *A situação da classe operária na Inglaterra*. Ressalte-se que, pela primeira vez, foram publicadas versões integrais de obras como a *Crítica da Filosofia do Direito de Hegel* (em 1927), os *Manuscritos econômico-filosóficos* e *A ideologia alemã* (ambos em 1932). Além desses, o plano inicial previa o lançamento de sete volumes com os textos do período 1852-1862, seguidos de outros três volumes com trabalhos de 1864-1876.

A segunda seção da MEGA iria reunir não apenas o texto de *O capital*, como todos os trabalhos e manuscritos preparatórios da crítica da economia política. Prevista para 13 volumes, dos quais nenhum chegou a ser publicado, essa era a seção que apresentava maiores dificuldades editoriais e que, de acordo com Riazanov, deveria tomar vários anos de trabalho.

Da terceira parte, que deveria abrigar toda a correspondência de Marx e Engels, foram publicados quatro volumes com as cartas do período 1844 a 1883. Ela deveria incluir, sobretudo, a correspondência entre os dois autores, mas também suas cartas a Lassalle, Weydemeyer, Kugelmann, Freiligrath

---

[12] Mescheryakov presidiu a editora e foi o autor de uma biografia de Marx. Skvortsov-Stepanov foi um dos tradutores d'*O capital* para o russo.

[13] Entre esses colaboradores europeus, merecem destaque Boris Souvarine (1895-1984), em Paris, e Boris Nikolaevsky (1887-1966), em Berlim. A exemplo de boa parte da equipe do IME, ambos eram críticos do regime soviético.

[14] Alguns comentadores fazem referência a 12 volumes (e não 11) da primeira MEGA. Há ao menos duas razões para essa divergência. Em primeiro lugar, o fato de que o primeiro volume da MEGA foi lançado em dois tomos (o primeiro em 1927, e o segundo em 1929). Em segundo, a inclusão, entre os volumes da MEGA do *Sonderband*, de um volume especial comemorativo dos 40 anos da morte de Engels, que continha o *Anti-Dühring* e a *Dialética da natureza* e que foi lançado em 1935 (ver o Quadro 2).

e outros. Finalmente, o plano original previa também uma quarta parte composta de dois volumes que continham um índice temático e de nomes.

Dos volumes da MEGA que chegaram a ser lançados, apenas os cinco primeiros, publicados entre 1927 e 1930, registram o nome de Riazanov como seu editor. A partir de fevereiro de 1931, quando ele foi deposto da direção do Instituto Marx Engels e expulso do Partido Comunista (em circunstâncias que serão discutidas adiante), seu nome foi substituído pelo de seu sucessor, Vladimir Viktorovich Adoratskij (1878-1945), fiel seguidor de Stálin. Deste modo, é o nome de Adoratskij que consta nos seis volumes publicados entre 1931 e 1935, volumes que, em grande medida, tinham sido previamente preparados por Riazanov e sua equipe.

QUADRO 1

Volumes publicados da MEGA

Abt. 1. Sämtliche Werke und Schriften mit ausnahme des Kapitals
Bd. 1. Karl Marx. *Werke und Schriften bis Anfang 1844 nebst Briefen und Dokumenten.* Hrsg. von D. Rjazanov. Halbbd. 1. Werke und Schriften. Unveränd. Neudr. d. Ausg. Frankfurt/M., 1927. LXXXIV, 626 S. : mit Abb.
Bd. 1. Karl Marx. *Werke und Schriften bis Anfang 1844 nebst Briefen und Dokumenten.* Hrsg. von D. Rjazanov. Halbbd. 2., Jugendarbeiten, Nachträge, Briefe und Dokumente . Unveränd. Neudr. d. Ausg. Berlin 1929. XLV, 371 S. : mit Abb.
Bd. 2. Friedrich Engels. *Werke und Schriften bis Anfang 1844 nebst Briefen und Dokumenten.* Hrsg. von D. Rjazanov, Unveränd. Neudr. d. Ausg. Berlin, 1930. LXXXII, 691 S. : mit Abb.
Bd. 3. Karl Marx; Friedrich Engels. *Die heilige Familie und Schriften von Marx von Anfang 1844 bis Anfang 1845.* Hrsg. von V. Adoratskij, Unveränd. Neudr. d. Ausg. Berlin, 1932. XXI, 640 S. : mit Abb.
Bd. 4. Friedrich Engels. *Die Lage der arbeitenden Klasse in England und andere Schriften von August 1844 bis Juni 1846.* Hrsg. von V. Adoratskij, Unveränd. Neudr. d. Ausg. Berlin, 1932. XX, 558 S. : mit Abb.
Bd. 5. Karl Marx; Friedrich Engels. *Die deutsche Ideologie. Kritik d. neuesten dt. Philosophie in ihren Repräsentanten, Feuerbach, B. Bauer u. Stirner u.d. dt. Sozialismus in seinen verschiedenen Propheten 1845-1846.* Hrsg. von V. Adoratskij, Unveränd. Neudr. d. Ausg. Berlin, 1932. XIX, 706 S. : mit Abb.
Bd. 6. Karl Marx; Friedrich Engels. *Werke und Schriften von Mai 1846 bis März 1848.* Hrsg. von V. Adoratskij, Unveränd. Neudr. d. Ausg. Moskau/Leningrad, 1933. XXI, 746 S. : mit Abb.

Bd. 7. Karl Marx; Friedrich Engels. *Werke und Schriften von März bis Dezember 1848.* Hrsg. von V. Adoratskij, Unveränd. Neudr. d. Ausg. Moskau, 1935. XXII, 768 S. : mit Abb.

Abt. 3. Briefwechsel

Bd. 1. *Der Briefwechsel zwischen Marx und Engels 1844-1853.* Hrsg. von D. Rjazanov, Unveränd. Neudr. d. Ausg. Berlin, 1929. L, 539 S. : mit Abb.

Bd. 2. *Der Briefwechsel zwischen Marx und Engels 1854-1860.* Hrsg. von D. Rjazanov, Unveränd. Neudr. d. Ausg. Berlin, 1930. XXI, 564 S. : mit Abb.

Bd. 3. *Der Briefwechsel zwischen Marx und Engels 1861-1867.* Hrsg. von D. Rjazanov, Unveränd. Neudr. d. Ausg. Berlin, 1930. XXIII, 488 S. : mit Abb.

Bd. 4. *Der Briefwechsel zwischen Marx und Engels 1868-1883.* Hrsg. von V. Adoratskij, Unveränd. Neudr. d. Ausg. Berlin, 1931. XVI, 759 S. : mit Abb.

Fonte: Elaboração própria com base no catálogo da *Deutschen Nationalbibliothek.*

QUADRO 2
Volumes associados à MEGA

Sonderbd. Friedrich Engels. *Herrn Eugen Dührings Umwälzung der Wissenschaft. Dialektik der Natur. 1873 – 1882.* Hrsg. von V. Adoratskij. Sonderausg. z. 40. Todestage von Friedrich Engels, Unveränd. Neudr. d. Ausg. Moskau 1935. XLVII, 846 S. : mit Abb.

Karl Marx. *Grundrisse der Kritik der politischen Ökonomie (Rohentwurf) 1857-1858.* Hauptw.. Moskau: Verl. f. fremdsprachige Literatur, 1939. XVI, 764 S. : 5 Taf.

Karl Marx. *Grundrisse der Kritik der politischen Ökonomie (Rohentwurf) 1857-1858.* - Anh., 1850-1859. Moskau: Verl. f. fremdsprachige Literatur, 1941. S. 770-1103.

Fonte: Elaboração da própria com base no catálogo da *Deutschen Nationalbibliothek.*

Em 1935, o projeto de edição da MEGA foi abandonado. As causas dessa interrupção prendem-se às mudanças sofridas pelo instituto a partir da saída de Riazanov. Em primeiro lugar, mais da metade dos 244 empregados do IME foram demitidos, entre os quais tradutores, bibliotecários, economistas, historiadores e filósofos. Parte dos correspondentes na Europa, encarregados da aquisição de documentos e livros, foi dispensada. Por si só, a perda desse pessoal representou um sério obstáculo à continuidade do trabalho e, sobretudo, o desaparecimento de uma considerável parte da experiência crítico-editorial acumulada ao longo de anos. Em segundo lugar, a posse de Adoratskij representou uma inflexão na trajetória do IME. Unido ao Instituto Lenin em novembro de 1931 para transformar-se no Instituto Marx-Engels-Lenin, sua missão deixou de ser primordialmente a pesquisa, concentrando-se nas tarefas associadas a educação e a propaganda política, desenvolvidas sob a direção do Partido. Quanto ao trabalho editorial, a prioridade passou à *Sochinenija*, a edição em russo das obras de Marx e Engels, que foi publicada em 28 volumes (33 tomos), lançados entre 1928 e 1947.[15] Nesta última, bem como nos volumes da MEGA lançados a partir de 1931, as introduções e notas ganharam um tom muito diverso daquele presente nos volumes editados por Riazanov. Mais preocupadas em afirmar o marxismo-leninismo e em mostrar uma suposta coerência entre os textos de Marx e Engels e a concepção dominante no período stalinista, deixaram em segundo plano a abordagem histórico-crítica adotada nos volumes iniciais. Finalmente, a terceira razão que contribuiu para a interrupção da MEGA foi a ascenção do nazismo na Alemanha, que provocou a emigração e a dispersão da rede de pesquisadores colaboradores do instituto naquele país (ZAPATA, 1985, p. 39; MUSTO, 2007, p. 485-486).

Apesar de todas essas dificuldades, o trabalho de documentação e edição das obras de Marx iniciado por Riazanov e sua equipe continuou produzindo resultados mesmo após o abandono do projeto da MEGA. Entre os mais significativos, pode-se apontar a publicação entre 1939 e 1941 da primeira edição integral dos manuscritos de 1857/1858, os *Grundrisse der Kritik der politischen Ökonomie (Rohentwurf)*.

A descoberta dos *Grundrisse* ocorreu durante uma viagem de Riazanov a Berlim, ainda em 1923, durante a qual ele voltou a examinar os papéis de Marx e Engels em poder do SPD. Num artigo em que relata os achados dessa visita,[16] Riazanov anunciou ter encontrado oito cadernos de notas de Marx, datados aparentemente do final dos anos 1850, que conteriam o primeiro rascunho d'*O capital*. Reconhecendo a importância extraordinária desse conjunto de manuscritos, julgou que eles permitiriam compreender a trajetória intelectual de Marx e seu método peculiar de trabalho e pesquisa (RIAZANOV, 1968, p. 198). De fato, nunca houve menção anterior à existência desses cadernos, ainda que seja difícil acreditar que Kautsky os desconhecesse. A razão é que

---

[15] Mesmo não sendo completa, esta foi a edição mais abrangente entre as disponíveis naquele período. Reeditada com acréscimos entre 1955 e 1966, ela serviu de base para a MEW (*Marx Engels Werke*), publicada na Alemanha Oriental, entre 1956 e 1968. Esta última não apenas é a edição mais empregada até hoje pelos estudiosos de Marx, como também serviu de base para traduções em diversas línguas (MUSTO, 2007, p. 486).

[16] Publicado originalmente em russo, em 1923, o artigo que citamos com base em uma versão francesa foi traduzido para o alemão e publicado dois anos mais tarde como "Neueste Mitteilungen über den literarischen Nachlaß von Karl Marx und Friedrich Engels" (RJASANOV, N. 1925, p. 385-400).

ele já havia publicado duas pequenas partes de seu conteúdo: um texto que ficou famoso como a "Introdução de 1857" e o fragmento conhecido como "Bastiat e Carey".[17] No entanto, o conteúdo restante dos cadernos permaneceu desconhecido do público até o anúncio de sua descoberta por Riazanov (MUSTO, 2008, p. 180; MOHL, 2008).

No mesmo ano, cerca de sete mil páginas dos manuscritos e de outros documentos inéditos foram fotografadas nos arquivos do SPD e enviadas à sede do IME, em Moscou. O primeiro esforço para catalogar esse material foi feito por Christoph Wurm e retomado a partir de 1925 por Pavel Lazarevich Veller (1903-1941), cujos catálogos sistemáticos, conhecidos como "passaportes para os manuscritos econômicos", tornaram-se ferramenta indispensável para a compreensão dos manuscritos.

O trabalho de edição dos manuscritos começou em 1927. É difícil dar uma ideia da dificuldade e complexidade da tarefa, a começar pelo duplo desafio de decifrar a letra de Marx e de estabelecer a sequência do texto, composto de frases intercaladas, trechos riscados, linhas escritas nas margens da folhas e toda sorte de obstáculos. O trabalho se mostraria ainda mais penoso e exigente na medida em que foi feito a partir de cópias fotográficas dos originais. Mesmo assim, Veller conseguiu completar a primeira transcrição datilográfica de todo o conteúdo dos cadernos em 1931. A partir daí, partes do manuscrito foram publicadas em alemão e russo: fragmentos de um plano do "Capítulo sobre o Capital", em 1932; parte do "Capítulo sobre o Dinheiro", no mesmo ano; em 1935, a versão integral desse capítulo; trechos dos cadernos II e IV, em 1933, 1935 e 1939; e, finalmente, o texto sobre as "Formas que precedem a produção capitalista", publicado em 1939 e 1940 (VASINA, 2008).

Paralelamente, o trabalho de edição de uma versão integral do manuscrito avançou, e sua publicação foi prevista inicialmente para compor o volume 6 da segunda parte da MEGA. Em 1936, o IME conseguiu obter seis dos oito cadernos originais de Marx, o que permitiu esclarecer e resolver os problemas que restavam para o estabelecimento do texto, e Veller foi encarregado de editá-lo.[18] Durante esse período, o manuscrito recebeu nomes

---

[17] Escrita em agosto e setembro de 1857, a "Introdução" foi publicada por Kautsky com o título de *Einleitung zu einer Kritik der politischen Ökonomie* (em *Die Neue Zeit*, ano 21, nº 1, 1903). Sua repercussão foi imediata, tornando-se uma referência para as discussões sobre o método de Marx. Quanto ao fragmento escrito em julho de 1857 e publicado com o título de *Carey und Bastiat, Ein fragment aus dem Nachlass* (em *Die Neue Zeit*, ano 22, nº 2, 1904, p. 5-16) passou praticamente despercebido.

[18] O caderno que continha a "Introdução de 1857" e o caderno com a parte final do manuscrito permaneceram em Amsterdã, na Holanda, de posse do Instituto Internacional de História Social (IIHS).

diferentes, sendo provável que o título definitivo só tenha sido definido pelo próprio Veller na etapa final do trabalho de edição. O primeiro volume dos *Grundrisse* veio, finalmente, a público no final de 1939, com uma tiragem de 3.140 exemplares. A edição foi feita num formato e apresentação semelhantes aos dos volumes da MEGA, mas não trazia nenhuma menção a ela.

Nos anos seguintes, Veller dedicou-se à edição do segundo volume, que continha as notas de Marx sobre os *Princípios* de Ricardo, os fragmentos de uma versão preliminar (*Urtext*) da *Contribuição à crítica da economia política*, o trecho sobre "Bastiat e Carey", além das notas ao texto principal, um índice onomástico e a biliografia. Ele foi publicado em 1941, poucos dias após o início da invasão alemã à União Soviética. Conta-se que alguns exemplares foram enviados ao *front* para servir de material de agitação contra os soldados alemães, bem como aos campos de prisioneiros de guerra como material de estudo. Poucas cópias desta edição chegaram ao Ocidente, tornando-se, em pouco tempo, uma verdadeira raridade (VASINA, 2008; MUSTO, 2008; MOHL, 2008).

Os últimos anos de Riazanov

Em março de 1930, ao completar 60 anos, Riazanov parecia ter alcançado o auge de sua carreira. Três anos antes, ele havia recebido o Prêmio Lenin. Em 1928, foi nomeado para a Academia de Ciências, sendo admitido no ano seguinte e levado ao posto de vice-presidente. A celebração de seu 60° aniversário foi um acontecimento público, marcado pelo reconhecimento de seu trabalho à frente do IME. Jornais saudaram-no como "o mais renomado e o mais importante dos estudiosos marxistas de nossa época", "o mais eminente marxólogo do nosso tempo", uma "personalidade científica mundial", que dedicou "mais de quarenta anos de vida ativa à causa da classe trabalhadora" (comentários publicados no *Inprecorr*, *Pravda* e *Izvestia apud* SOUVARINE, 1931). Um *Festschrift* com o título de *Na boevom postu* (No posto de combate) foi organizado por Deborin, reunindo em mais de 600 páginas artigos e depoimentos de líderes políticos e intelectuais, como Bukharin, Pokrovsky, Steklov, Pashukanis, Kalinin, Rykov e outros (DEBORIN, 1930). Riazanov foi agraciado com a Ordem da Bandeira Vermelha do Trabalho, e um prêmio bienal foi criado com seu nome para distinguir o melhor trabalho acadêmico marxista (BURKHARD, 1985, p. 45; LECKEY, 1995, p. 148). Uma declaração oficial do Comitê Central do Partido vaticinava "muitos anos de serviço por vir" para este "infatigável lutador pelo triunfo das idéias de [...] Marx, Engels e Lenin" (*apud* BEECHER; FORMICHEV, 2006, p. 132).

Nesse, como em outros casos, a consagração revelou-se, de fato, um presságio da queda. Menos de um ano depois, Riazanov cairia em desgraça, enquanto o IME perderia a maior parte de sua equipe e seria colocado sob o controle do Partido. Em janeiro de 1931, o *Pravda* publicou um artigo que o denunciava como "proto-menchevique". No mês seguinte, ele foi acusado de tomar parte num complô organizado por um pretenso Bureau Sindical do Comitê Central do Partido Menchevique. Entre os quatorze acusados de integrar o Bureau e de sabotar os planos de desenvolvimento econômico soviéticos, estava Isaak I. Rubin, professor de economia que se tornou pesquisador associado ao IME em 1926 e que gozava da irrestrita confiança de Riazanov. Preso em dezembro de 1930 e posto em confinamento solitário, Rubin foi submetido a toda sorte de torturas até concordar em testemunhar contra Riazanov. Rubin "confessaria" ter entregado a ele um envelope com documentos relacionados aos preparativos de uma insurreição, envelope que Riazanov teria concordado em guardar no instituto.[19] Convocado ao Kremlin, Riazanov travou uma discussão ríspida com Stalin, negando todas as acusações. Três dias depois, foi exonerado da direção do Instituto e expulso do Partido.[20] Detido e posto em prisão solitária, ignorando as acusações que pesavam contra ele e a campanha difamatória movida pelos meios de imprensa, Riazanov foi condenado sem julgamento ao degredo em Saratov (Beecher; Formichev, 2006, p. 139-142; Medvedev, 1989, p. 264-65; 280ss.).

Se a "confissão" de Rubin funcionou como pretexto para a acusação, parece claro que a queda de Riazanov deve ser atribuída a sua incapacidade de renunciar a sua independência pessoal e a sua defesa intransigente da independência do IME. Valendo-se de sua língua ferina, ele expressou publicamente sua oposição a Stalin em diversas oportunidades. Conta-se que, durante uma visita ao IME, em 1926 ou 1927, Stalin teria notado os retratos de Marx, Engels e Lenin no escritório de Riazanov e, com um sorriso forçado, perguntado: "E onde está o meu retrato?". Riazanov, bem ao seu estilo, teria respondido: "Marx e Engels são meus mestres; Lenin foi meu camarada. E você, o que é para mim?" (Beecher; Formichev, 2006, p. 140; Bukhard, 1985). Mesmo que nos anos seguintes Riazanov tenha se

---

[19] Sobre a prisão e tortura de Rubin, veja-se o depoimento de sua irmã recolhido em Medvedev (1989, p. 280-284).

[20] Em março, o sucessor de Riazanov à frente do instituto o acusou de ocultar a existência de uma carta de Marx a sua filha, datada de 1881, que continha críticas a Kautsky. A carta fora entregue a Riazanov pela irmã de Martov com o compromisso de que não seria publicada (BEECHER; FORMICHEV, 2006, p. 139-141; BURKHARD, 1985, p. 46).

contido, deixando muitas vezes de expressar suas divergências em público, nunca hesitou em oferecer apoio aos que foram postos em desgraça pelo regime. Retomando a leitura feita por Trotsky à época, sua posição poderia ser resumida assim: calar-se mantendo a língua presa entre os dentes, sim; tornar-se um bajulador de Stalin, impossível (TROTSKY, 1931).

Durante os três anos de seu banimento em Saratov, ele permaneceu sob constante vigilância policial. Impossibilitado de trabalhar em qualquer instituição do governo e privado de seus livros e cadernos, tornou-se um homem amargo e adoentado, mas não se deixou dobrar. Ganhou a vida com a ajuda de amigos, trabalhando como tradutor.[21] Em 1934, ao final de sua pena, permaneceu sob vigilância dos organismos de segurança. Incapaz de regressar a Moscou, ele teria conseguido obter de volta seus livros e papéis e encontrou um emprego na biblioteca da Universidade de Saratov. Trabalhou ali por três anos até ser preso em 22 de julho de 1937, em meio a uma onda de repressão política e perseguição em massa. Interrogado durante meses, recusou-se a admitir qualquer culpa ou a acusar outras pessoas. Condenado a morte e ao confisco de seus bens pessoais, foi executado na noite de 21 de janeiro de 1938 e enterrado em uma vala comum no cemitério de Saratov (BEECHER; FORMICHEV, 2006, p. 143).

Referências

AHLBERG, René. Forgotten Philosopher: the work of Abram Deborin, *Survey*, v. 37, 1961, p.79-89.

BEECHER, Jonathan; FORMICHEV, Valerii. French socialism in Lenin's and Stalin's Moscow: David Riazanov and the French archive of the Marx-Engels Institute. *The Journal of Modern History*, v. 78 (1), 2006, p. 119-143.

BURKHARD, Bud. D. B. Rjazanov and the Marx-Engels Institute: notes toward further research. *Studies in Soviet Thought*, v. 30 (1), 1985a, p. 39-54.

BURKHARD, Bud. Bibliographic annex to 'D. B. Rjazanov and the Marx-Engels Institute: notes toward further research'. *Studies in Soviet Thought*, v. 30 (1), 1985b, p. 77-88.

CARR, Edward H. *The Bolshevik revolution (1917-1923)*. v. 3, New York: MacMillan, 1953.

DEBORIN, A. (ed.), *Na Boevom postu: Sbornik k Shestidesiatiletiiu D. B. Riazanova*. Moskva: Gos. izd-vo, 1930

---

[21] Nesse período, ele traduziu discursos e cartas de David Ricardo, o economista político inglês, um romance de Étienne Cabet, o socialista utópico francês, e uma coletânea de artigos de Franz Mehring, o biógrafo de Marx.

DEUTSCHER, Isaac. *Stalin: a história de uma tirania.* Trad. portuguesa, Rio de Janeiro: Civilização Brasileira, 1970.

DEUTSCHER, Isaac. *Trotski: o profeta desarmado.* Trad. portuguesa, Rio de Janeiro: Civilização Brasileira, 1968.

L.B. L'institut Marx-Engels. *La Critique Sociale,* n. 2, juillet 1931, p. 51-52. (Disponível em: <http://www.marxists.org/archive/riazanov/bio/bio02.htm>).

LECKEY, Colum. David Riazanov and Russian Marxism. *Russian History/Histoire Russe,* v. 22(2), 1995, p. 127-153.

LUNACHARSKY, Anatol. *Revolutionary Silhouettes.* London: Penguin, 1967.

MEHRING, Franz (Org.). *Aus dem literarischen Nachlass von Karl Marx, Friedrich Engels, und Ferdinand Lassalle,* 4 volumes, Stuttgart: J. H. W. Dietz Nachf, 1902.

MEDVEDEV, Roy. *Let history judge: the origins and consequences of Stalinism.* Ed. revista e expandida, New York: Columbia U. P., 1989.

MOHL, Ernst Theodor. Germany, Austria and Switzerland. In: Marcello Musto (ed.). *Karl Marx's Grundrisse:* foundations of the critique of political economy 150 years later. London: Routledge, 2008.

MUSTO, Marcello. The rediscovery of Karl Marx. *International Review of Social History,* v. 52 , 2007, p. 477-498.

MUSTO, Marcello. Dissemination and reception of the Grundrisse in the world. In: MUSTO, Marcello (ed.). *Karl Marx's Grundrisse: foundations of the critique of political economy 150 years later.* London: Routledge, 2008.

PEARCE, Brian. RIAZANOV, D. B. In: RIAZANOV, D. B. *Marx and Anglo-Russian relations and other writings.* Tradução inglesa, London: Francis Boutle Publishers, 2003.

RIAZANOV, David. Communication sur l'héritage littéraire de Marx et Engels. In: RIA-ZANOV, D. (ed.). *Karl Marx: homme, penseur et révolutionnaire.* Trad. francesa, Paris: Anthropos, 1968.

RIAZANOV, David. *Marx, Engels e a história do movimento operário.* São Paulo: Global, 1983.

RIAZANOV, David (Org.). *Gesammelte Schriften von Karl Marx und Friedrich Engels, 1852 bis 1862.* 2 volumes, Stuttgart : J.H.W. Dietz Nachf, 1917. Uma edição facsimilar em meio eletrônico pode ser encontrada em http://www.archive.org/details/toronto.

RJASANOFF, N. Bakuniana, *Archiv für die Geschichte des Sozialismus und der Arbeiterbewegung,* v. 5, 1915, p. 182-199. Disponível em: <http://alo.uibk.ac.at/webinterface/library>.

RJASANOFF, N. Briefe Lassalles an Dr. Moses Hess, *Archiv für die Geschichte des Sozialismus und der Arbeiterbewegung,* v. 3, 1913, p. 129-142. Disponível em: <http://alo.uibk.ac.at/webinterface/library>.

RJASANOFF, N.; Grünberg, C. Ein briefe Johann Jacobys an Karl Marx, *Archiv für die Geschichte des Sozialismus und der Arbeiterbewegung*, v. 7, 1916, p. 446. Disponível em: <http://alo.uibk.ac.at/webinterface/library>.

RJASANOFF, N. *Karl Marx über den Ursprung der Vorherrschaft Rußlands in Europa.* (Ergänzungshefte zur Neuen Zeit, 5), 1909.

RJASANOFF, N. Karl Marx und Friedrich Engels über die Polenfrage, *Archiv für die Geschichte des Sozialismus und der Arbeiterbewegung*, v. 6, 1916, p. 175-221. Disponível em: <http://alo. uibk.ac.at/webinterface/library>.

RJASANOV, N. Neueste Mitteilungen über den literarischen Nachlaß von Karl Marx und Friedrich Engels, *Archiv für die Geschichte des Sozialismus und der Arbeiterbewegung*, v. 11, 1925, p. 385-340.

RJASANOW, David. Vorwort zur MEGA 1927. *Utopie Kreativ*, v. 206, 2007, p. 1095-1011.

SHACHTMAN, Max. Two Proletarian Soldiers. *New International*, v. VIII (6), July 1942, p. 171-174. (Disponível em: <http://www.marxists.org/archive/riazanov/bio/bio01.htm>).

SOUVARINE, Boris. D.B. Riazonov. *La Critique Sociale*, n. 2, juillet 1931, p. 49-50. (Disponível em: <http://www.marxists.org/archive/riazanov/bio/bio01.htm>).

TROTSKY, Leon. *Minha vida: ensaio autobiográfico.* Trad. de Lívio Xavier, Rio de Janeiro, 1978.

TROTSKY, Leon. The Case of Comrade Ryazanov. *The Militant*, New York, 01/05/1931. (Disponível em: <http://www.marxists.org/archive/trotsky/1931/03/ryazanov.htm>).

VASINA, Lyudmila L. Russia and Soviet Union. In: MUSTO, Marcello (ed.). *Karl Marx's Grundrisse: foundations of the critique of political economy 150 years later.* London: Routledge, 2008.

ZAPATA, René. La publication des œuvres de Marx après sa mort: 1883-1935. In: Georges Labica (ed.). *1883-1983 L'œuvre de Marx, un siècle après.* Paris: PUF, 1985.

Do marxismo à marxologia: fortuna e perspectivas das edições das obras completas de Marx e Engels

Leonardo de Deus

O legado intelectual de Marx e Engels passa por um momento peculiar no início do século XXI. Por um lado, chega-se à publicação de toda a segunda seção da Marx-Engels Gesamtausgabe (MEGA), correspondente a *O capital* e seus materiais. No mesmo momento, cabe apontar a conclusão dos *Collected Works*, em 2005, além do início, em 2008, de uma nova publicação na França (Grande Édition Marx-Engels – GEME). No Brasil, várias edições pioneiras têm vindo a público, difundindo textos pela primeira vez em língua portuguesa, revestidas de grande significado para a pesquisa local e para a difusão da obra marxiana no País. Por outro lado, no entanto, esses esforços editoriais ocorrem num contexto inédito, em que inexiste qualquer projeto político realmente marxista, ou seja, desapareceu o horizonte político de esquerda. A perspectiva de estudos, ainda que envolvidos em questões práticas, como qualquer conjunto de ideias econômicas, perdeu o caráter de urgência e se dá em ambiente livre de preconceitos e posições puramente ideológicas, muitas vezes prejudiciais ao próprio conhecimento de Marx. Reafirmar e recolocar marxianamente as questões teóricas, no entanto, continua a ser um método eficiente de discutir questões práticas, já que esse ato, em Marx, sempre reconheceu seu enraizamento na realidade do ser social do homem.

O presente capítulo pretende reconstruir o contexto em que se deram as diversas propostas de publicação das obras completas de Marx e Engels e mensurar seu impacto na análise do próprio pensamento marxiano, ainda por ter sua integralidade plenamente conhecida. O artigo consiste de uma releitura e atualização de Hobsbawm (1979). Trata-se de analisar, sobretudo, as duas edições MEGA e *Collected Works*, além de vislumbrar as novas publicações na França e no Brasil. Cada uma dessas edições ofereceu e oferece novas perspectivas de pesquisa e reconfigurou o objeto de estudo, que nunca esteve dado *a priori*. O que se demonstrará são as vinculações práticas da fortuna dessas obras completas, em momentos históricos tão diversos entre si, e ainda as perspectivas abertas para a pesquisa neste novo século. Parte-se de um contexto em que a obra marxiana era prioritariamente um conjunto de ideias construídas como "armas na luta de classes" até que se atinge um contexto em que essas ideias são integradas a uma reflexão que se pretende puramente científica e crítica em relação aos próprios pressupostos, ou seja, uma obra cuja análise se desenvolveu no interior do marxismo até chegar à marxologia. Ao final, examinam-se algumas das questões postas com as novas publicações e as possibilidades de tratamento com base nas novas publicações.

Além desta introdução, o capítulo é composto de quatro seções e a conclusão, que recompõem e analisam as diversas publicações. A segunda seção trata do período que vai da morte de Marx até a publicação da MEGA.[1] A terceira trata da *Werke*, dos *Collected Works* e do início da publicação da MEGA, abrangendo o período do pós-guerra até a década de 1970. A terceira e quarta seções apresentam uma visão geral da MEGA e do contexto em que se dá sua publicação. Na quarta seção, são discutidos os desdobramentos da publicação integral da segunda seção da MEGA, correspondente a *O capital* e seus manuscritos, bem como as novas perspectivas da marxologia. Finalmente, apresenta-se uma súmula do capítulo nas considerações finais.

De 1883 à MEGA[1]: os alicerces da marxologia

A publicação das obras completas de Marx e Engels constituiu uma preocupação durante a vida dos próprios autores. Ambos sempre tomaram o conjunto de sua produção intelectual não apenas como obra filosófico-científica, mas antes como armas do movimento revolucionário e, nesse contexto, fazia-se necessária sua publicação sob um determinado ponto de vista, sendo exemplar os destinos diversos de *A Ideologia Alemã* e de *A Sagrada Família*. Já em 1849, após a vaga revolucionária mais intensa, Marx iniciou a preparação de seus trabalhos reunidos para ser publicados em Colônia, na Alemanha. Essa preocupação acompanharia toda sua trajetória e, é lícito dizer, determinou o caráter de sua produção,[1] tendo havido outras tentativas do mesmo feitio nas décadas seguintes. Com efeito, a viragem ocorrida em 1843 e 1844, de uma obra de caráter essencialmente filosófico e político para aquela de tom predominantemente econômico, foi determinada, em grande

---

[1] Cf. MEGA, I.1, 29*.

medida, pela própria atuação política de Marx. Esse é o entendimento, *v. g.*, de Lukács (1984, p. 108), embora avalie essa transformação com a devida cautela. Segundo esse autor, há uma continuidade filosófica explícita nos dois momentos, entre os escritos de juventude e aqueles da maturidade, sendo descabida a distinção entre o Marx "filósofo" e o Marx "economista": sem as conquistas ontológicas fundamentais da década de 1840, seria impossível toda a reflexão que se seguiu. Para Lukács, a ênfase conferida por Marx à tematização de talhe econômico atendeu a uma forma de expressão imposta pela atividade política, longe de constituir uma mudança de cunho metodológico ou filosófico. Esse fato é confirmado pelos diversos textos que foram publicados ao longo do século XX, os diversos esboços de *O capital*, notadamente os *Grundrisse* e o *Manuscrito de 1861-1863*, que, se lidos em comparação com *O capital*, apresentam maior conexão entre questões ontológicas e econômicas, devidamente condensadas no texto de 1867. A forma como a obra de Marx e Engels foi publicada e a forma como foi apropriada ao longo do século XX dão a medida de seu enraizamento prático, tanto para seus autores quanto em sua posteridade. No primeiro caso, a situação revolucionária do tempo de Marx e Engels determinou um dado modo de exposição e reflexão, enquanto o século XX viu a perspectiva evoluir de uma mera tematização econômica, até abranger questões filosóficas de fundo.

Como não poderia deixar de ser, as discussões sobre o legado marxiano têm início com Engels e a tarefa hercúlea de publicar os textos inéditos, além da reedição dos textos já publicados. Entre 1883 e 1895, portanto, a ênfase recai sobre a publicação dos livros II e III de *O capital*, esforço cujo resultado tem sido amplamente discutido, após a publicação dos manuscritos marxianos utilizados por Engels para a redação e publicação das obras. Em grande medida, a atividade de Engels no período produzirá os textos fundamentais sobre os quais se debruçará a esquerda europeia durante mais de vinte anos, ou seja, Engels acabou por fornecer o modo como foi lida a obra marxiana e a sua própria nos anos iniciais do século XX, sobretudo na II Internacional. De acordo com Hobsbawm (1979, p. 426), as edições do período seguiram uma escolha feita por Engels, que compilou determinado conjunto de textos que contribuíssem para o desenvolvimento do movimento revolucionário de então, isto é, o objetivo principal foi difundir entre um maior número de pessoas, sobretudo entre o proletariado, as ideias fundamentais dos autores. Esse o motivo de, nessa época, as obras de divulgação alcançarem tiragens superiores às obras originais, ainda que diversas traduções dos originais fossem feitas na Europa e também na América. Tal panorama perdurou até a Revolução Russa. Ou seja, durante as duas primeiras décadas do século XX, sob a orientação de Eleanor Marx e, depois de sua morte, dos social-democratas alemães, seguiu-se a linha editorial estabelecida por Engels, cabendo referir as publicações de *Teorias da Mais-Valia* por Kautsky, em 1905, além de diversas coleções de cartas, devidamente selecionadas e editadas pelos social-democratas alemães. Na medida em que esses últimos se distanciarem progressivamente do marxismo, diminuiu seu interesse em publicar as obras completas de Marx e Engels, o que só seria novamente proposto depois da Revolução Russa.

Uma vez instalados no poder, os bolcheviques tinham grande interesse na publicação integral da obra marxiana como forma de marcar suas posições ideológicas francamente distintas da II Internacional. Com efeito, somente a partir de 1917 se configurou um horizonte factível para a publicação sem omissões das obras completas, *Gesamtausgabe*. De acordo com Hobsbawm (1979, p. 430), nos primeiros anos da Revolução Russa, os marxistas bolcheviques trataram de defender a publicação integral, contraposta às edições alemãs, vistas como distorcidas pelos russos. Ademais, os bolcheviques consideravam a publicação das obras de Marx e Engels uma contribuição significativa para o fortalecimento dos movimentos revolucionários europeus, ou seja, uma das tarefas decorrentes de a eclosão revolucionária ter-se dado na Rússia. Para tanto, em 1921, foi fundado o Instituto Marx-Engels, dirigido por David Riazanov, criador do termo "marxologia" e, em certa medida, primeiro marxólogo, se considerada a forma como tratou a pesquisa da obra marxiana, com reflexos sobre a atitude adotada nas edições subsequentes.

Para levar a termo a sua tarefa, Riazanov tratou de reunir sistematicamente todas as obras publicadas por Marx e Engels, além de seus manuscritos e cartas. A dificuldade mais geral foi estabelecer uma linha divisória entre obras acabadas e esboços, entre material definitivo e anotações provisórias e apenas destinadas à informação de seus autores, dilema que sempre envolveu a apreciação de diversos textos marxianos. No caso dos esboços e apontamentos, o material estava todo em posse do Partido Social-Democrata Alemão (até ser parcialmente transferido para o Instituto Internacional de História Social, após a ascensão de Hitler, enquanto parte do material foi adquirido pelo próprio Instituto Marx-Engels), enquanto as cartas se encontravam dispersas em diversos arquivos. Isso implicou a dificuldade mais imediata de Riazanov, qual seja, conseguir cópias do material na Alemanha. O SPD permitiu que fossem feitas fotocópias até 1928, quando se deu a ruptura definitiva com os bolcheviques. Essa questão, para Rojahn (1998, p. 3), marcou o início do fim da MEGA.[1] Até aí, porém, diversos textos importantes foram publicados pela primeira vez, como os *Manuscritos de 1844*, *A Ideologia Alemã* e a *Dialética da Natureza*.[2] O plano traçado por Riazanov, contudo, não se completou. Entre 1927 e 1935, apareceram sete volumes da primeira seção, destinada às obras em geral; os livros de *O capital*, que constituíam a segunda seção; quatro volumes da terceira seção, destinada à correspondência, além de um volume especial com o *Anti-Dühring* e a *Dialética da Natureza*. Além desses volumes, foi publicado, a partir de 1924, o *Marx-Engels Archiv*, que continha obras inéditas, esboços e anotações dos autores, por exemplo, *A Ideologia Alemã*. Do mesmo modo, entre 1928 e 1941, foi publicada a tradução em russo das obras completas, compreendendo 28 volumes e que permaneceria, até a década de 1960, a edição mais abrangente das obras de Marx e Engels.

Além da dificuldade de obtenção de originais na Alemanha, o problema crucial enfrentado pelos editores da MEGA[1] residiu nas próprias circunstâncias da União Soviética. Se em 1917 havia um autêntico interesse na publicação e difusão da integralidade da obra marxiana, ou seja, se havia uma clara necessidade de difusão de Marx contra o oficialismo da II Internacional, a partir da consolidação do poder stalinista e da construção do "leninismo", estabeleceu-se outro cânone, eminentemente dogmático. Basta referir a prisão de Riazanov pela polícia stalinista, em 1931, e sua substituição por Adoratski na direção do Instituto Marx-Engels. Esse fato teve repercussões profundas nas publicações subsequentes, conforme descrito por Enderle (2008, p. 17) para o caso exemplar de *A Ideologia Alemã*. Quando da edição do capítulo "I. Feuerbach" no primeiro volume dos *Marx-Engels Archiv*, em 1926, Riazanov reconheceu o caráter inacabado do manuscrito, tal como fizera o próprio Engels em 1888. Quando o texto foi publicado no volume I/5 da MEGA,[1] Adoratski, em sua introdução, afirmou que "[...] em nenhuma outra obra de juventude encontramos as questões fundamentais do materialismo dialético esclarecidas de forma tão completa e exaustiva. [...] O capítulo 'I. Feuerbach' contém a primeira exposição sistemática de sua concepção histórico-filosófica da história econômica do desenvolvimento dos homens" (*apud* ENDERLE, 2008, p. 18). O texto foi literalmente editado, recebendo uma ordenação diversa da redação original, além de ter tido diversas lacunas preenchidas por meio das anotações de Marx e Engels feitas no próprio caderno do manuscrito. A partir daí, esse texto se transformou

---

[2] Interessante notar que a maior parte das obras mais importantes e discutidas de Marx foi publicada postumamente.

numa obra sistemática e acabada, a orientar uma leitura da obra marxiana como um todo, condizente com o dogmatismo do marxismo-leninismo. Tal procedimento se agravou até 1935, quando o Comitê Central proferiu uma resolução relativa às atividades do instituto sem mencionar a publicação da MEGA. O stalinismo, em suma, sepultou o esforço editorial de Riazanov (Cf. HECKER, 2001, p. 6).

Em seu início promissor, a publicação das obras completas de Marx e Engels contou com a ação de alguns dos mais notáveis cérebros que a ela se dedicaram. Somente com a abertura dos arquivos soviéticos tem sido possível reconstruir a história e as vicissitudes da primeira MEGA. Com efeito, os pioneiros do trabalho foram mortos ou condenados ao silêncio nos anos de Stálin, contando-se em mais de cem os demitidos do instituto.[3]

Apesar de todas as dificuldades, as circunstâncias e a *démarche* do trabalho de Riazanov e dos que o sucederam acabaram por determinar um conjunto de procedimentos diante da obra marxiana de que se beneficiariam os esforços editoriais que se seguiram. As seções estabelecidas para a primeira MEGA e para o *Marx-Engels Archiv* deram o contorno da nova MEGA e também dos *Collected Works*. Essa delimitação, porém, implicou a discussão, iniciada por Engels, e aprofundada no Instituto Marx-Engels, a respeito do escopo da obra marxiana, da distinção entre aquilo que teve de definitivo, estabelecido por seu autor, e aquilo que seria nela contingente. Estabelecer a fronteira entre textos acabados e manuscritos provisórios, *a priori*, sempre foi tarefa difícil, conforme se viu no exemplo de *A Ideologia Alemã*. No caso de *O capital*, a fronteira parecia fácil, com a publicação dos três livros. A descoberta e difusão dos diversos esboços, porém, teve amplo significado e influência na própria compreensão de toda a obra. Seria necessária a segunda publicação da MEGA para que o problema ganhasse sua devida dimensão e sua autêntica possibilidade de solução, conforme será discutido adiante.

Werke, collected works e o início da segunda MEGA: a exata dimensão da tarefa

Somente depois da morte de Stálin, vislumbrou-se a retomada do projeto de publicação das obras completas de Marx e Engels. Cabe notar,

---

[3] Hecker (2001), *v. g.*, relata a dramática publicação dos *Grundrisse* em plena II Guerra Mundial, levada a termo graças ao esforço de Pavel Veller, que sobreviveu aos diversos expurgos stalinistas, enfrentou uma série de incertezas para desenvolver seu trabalho e veio a falecer no *front* de guerra, pouco depois da publicação da obra.

sintomaticamente, que o impulso para a publicação e difusão da obra marxiana sempre esteve ligado a certo embate contra o oficialismo e o proselitismo a que tantas vezes a esquerda se entregou ao longo do século XX, como foi apontado na seção anterior. Com efeito, Stálin foi o principal incentivador do "leninismo" para se tornar ele mesmo uma referência em qualquer questão relativa ao marxismo. Em reação a esse período, a década de 1950 viu surgir a necessidade de uma volta a Marx no interior dos próprios partidos comunistas, notadamente o soviético e o alemão. Foram eles os principais responsáveis pelas iniciativas editoriais tomadas nas três décadas seguintes; determinaram o escopo e os procedimentos que seriam adotados em diversas edições em todos os países comunistas, bem como no Japão.

A primeira publicação teve lugar na União Soviética, entre 1955 e 1966, após anos de espera para aprovação nas instâncias partidárias. Compreendia 39 volumes, que continham cerca de 5.500 escritos e cartas, aproximadamente 1.000 a mais que a primeira edição, especialmente um grande volume de cartas inéditas, reunidas graças a um intenso esforço de pesquisa. A edição alemã, *Marx-Engels-Werke* (MEW), por sua vez, adotou os métodos empregados na edição russa, tendo sido publicada originalmente entre 1956 e 1968, pelo Instituto de Marxismo-Leninismo alemão, com 39 volumes, em 41 livros.[4] Esta edição, assim como a russa, trouxe a público uma série de escritos inéditos, especialmente dos primeiros anos dos autores, sendo o escopo da publicação continuamente aumentado com novas descobertas, publicadas em volumes suplementares. Com isso, essas publicações evidenciaram, ainda que parcialmente, a dimensão do desconhecimento relativo aos escritos de Marx e Engels e contribuíram para que o renovado interesse nesses autores, no período, atingisse novos contornos e possibilidades. Esse projeto editorial anunciava o que viria a ser a segunda MEGA.

Se o período de Riazanov lançou as bases para as edições das obras completas, a *Werke* representou um aprofundamento dos métodos empregados em catalogação, transcrição e na própria edição, com notas explicativas sobre o texto e sua redação, explicações históricas sobre a redação dos diversos textos, esclarecimentos sobre fontes empregadas por Marx e Engels. O objetivo seria oferecer ao leitor o acesso ao texto na condição em que foi deixado por seus autores. Se tais avanços formais eram extremamente promissores em relação à primeira MEGA, materialmente a *Werke* se ressentiu do contexto

---

[4] Depois da publicação da MEGA, foram editados volumes complementares que continham alguns textos até então inéditos. Isso ocorreu até 1990, quando o projeto foi abandonado, sendo a *Werke* reeditada para divulgação e aquisição por estudantes, dado o preço elevado dos livros da MEGA.

em que foi publicada. De fato, a maioria dos prefácios e esclarecimentos históricos não conseguiu atender aos objetivos propostos, mas antes aos princípios formulados pelos partidos comunistas. Algumas notas biográficas empregavam os mesmos métodos de difamação do período stalinista e muitas apenas serviram para orientar uma dada leitura da obra marxiana e, mais ainda, da própria história do movimento revolucionário. Muitas vezes, Marx e Engels foram retratados como fundadores do marxismo, do qual os partidos comunistas de então seriam a continuação histórica necessária.[5] Tal fato foi ainda agravado pelas publicações em diversos países, sempre tendo por base a edição russa, jamais a alemã. O principal problema, no entanto, foram as manipulações de determinados textos, sempre com o objetivo de apresentar certa completude e perfeição do conteúdo. Esse fato só se torna conhecido à medida que os novos volumes da MEGA são publicados e se tem a dimensão do feitio ideológico de certos textos publicados na *Werke*.

A consequência mais imediata dessas publicações e, naturalmente, do referido interesse nas obras de Marx e Engels a partir do pós-guerra até a década de 1970 foi a publicação dos *Collected Works*, entre 1975 e 2005, levada a termo graças à colaboração dos partidos comunistas da Inglaterra, dos EUA e da própria União Soviética, tendo contado com a colaboração de diversos estudiosos dos três países. Os *Collected Works* tiveram por objetivo cumprir, para a língua inglesa, o mesmo papel que as *Werke* alemã e russa, desta feita com a possibilidade de se atingir um público maior e, sobretudo, localizado nos países centrais do capitalismo. A constatação inicial de seus formuladores foi a da carência, em língua inglesa, das obras de Marx e Engels, salvo as mais importantes, inclusive a série de artigos publicados originalmente em inglês. Além disso, as traduções disponíveis, muitas vezes, continham ainda uma série de imperfeições e incorreções que os *Collected Works* buscaram superar. O longo período de publicação de seus cinquenta volumes tornou possível a inclusão de textos que apareceriam pela primeira vez na segunda MEGA, cuja publicação também teve início em 1975, além de outros que ainda não foram publicados no original alemão. Com isso, dado o estágio da publicação alemã e ainda que se ressintam ocasionalmente dos mesmos problemas políticos que a *Werke*, os *Collected Works* foram a mais completa reunião de textos de Marx e Engels até as atuais publicações da MEGA, apresentando nas três seções usuais seus escritos em geral; *O capital* e os esboços; a correspondência.[6]

---

[5] Essa perspectiva se faz presente ainda nos primeiros volumes da MEGA, publicados nos anos 1970.

[6] A coleção não contempla os excertos, que comporiam a quarta seção.

Igualmente saída do esforço da *Werke* foi a publicação, a partir de 1975, da segunda MEGA. Em verdade, em seu impulso inicial, o projeto estava esboçado desde a década de 1960, mas sua execução teve de vencer grande resistência nas instâncias dos partidos soviético e alemão oriental antes de ter início. De acordo com Rojahn (1998), esses partidos desejavam apenas a publicação de estudos internacionais. O projeto, no entanto, impôs-se no final daquela década, graças à repercussão da publicação da *Werke* e à reiterada ideia de o pensamento marxiano ser uma arma na luta revolucionária. O feitio do projeto, porém, foi determinado, em grande medida, pela necessidade de participação de entidades ocidentais, especialmente o Instituto Internacional de História Social (IISG), possuidor, desde a década de 1930, de parte significativa dos manuscritos de Marx e Engels, além da Karl-Marx-Haus[7] em Trier. Se o IISG tinha grande interesse no empreendimento, não possuía condições materiais de fazer frente ao desafio, enquanto os comunistas alemães e soviéticos não dispunham de todo o material de que precisavam e, no entanto, hesitavam em permitir acesso aos ocidentais de seus arquivos.[8] O impasse se resolveu por meio da colaboração, tendo o IISG declinado do direito de participar em qualquer publicação, beneficiando-se, todavia, com o acesso que seus estudiosos tiveram aos arquivos soviéticos e alemães. Com isso, os princípios fundamentais da MEGA foram estabelecidos (Cf. Rojahn, 1998; MEGA, I/1, 35*), a saber:

1. O princípio da completeza, por meio do qual se busca a publicação dos textos escritos pelos autores em sua integralidade. Com isso, pretende-se afastar qualquer escolha arbitrária e tendenciosa de trechos ou obras, necessária para o proselitismo ideológico.

2. Reprodução dos diversos tipos de texto por meio dos quais se torna possível conhecer a construção do pensamento marxiano, ou seja, publicam-se todos os textos, desde os livros escritos e editados em vida pelos autores até as notas de leitura.

3. Publicação dos textos em sua língua original, entre as diversas encontradas nos textos.

---

[7] Entidade ligada ao Partido Social-Democrata alemão, fundada para fomentar, na Alemanha Ocidental, pesquisas ligadas à obra e à vida de Karl Marx. Nesse momento, sua atuação se limitou ao intercâmbio de pesquisadores e ao acompanhamento das publicações. Cf. a próxima seção.

[11] O IISG possui aproximadamente dois terços dos manuscritos de Marx e Engels, encontrando-se o restante na Rússia.

4. O acréscimo de explicações necessárias à exploração do texto.[9]

5. Com isso, os editores da MEGA pretenderam fornecer ao leitor a perspectiva do próprio desenvolvimento do pensamento marxiano, como se seu método de trabalho pudesse ser reconstruído por meio da leitura de seus manuscritos e mesmo das notas que acrescentou a seus textos publicados. A partir das edições que a precederam, a MEGA se divide em quatro seções, quais sejam:

 I. a primeira seção contém os escritos, artigos e esboços, publicados ou inéditos;

 II. a segunda é constituída por *O capital* e seus materiais e esboços;

 III. a terceira seção contém a correspondência, tanto aquela trocada por Marx e Engels entre si quanto aquela trocada por eles com terceiros;[10]

 IV. a quarta encerra excertos, notas e glosas marginais.

Apesar da pretensão científica e livre de influências políticas, a edição dos primeiros volumes, publicados nas décadas de 1970 e 1980, ainda apresentou tintas fortemente ideológicas, marcantes, *e. g.*, na apresentação geral constante do primeiro volume, assim como nas notas explicativas a alguns textos. Esse fato, no entanto, não comprometeu o caráter rigoroso do empreendimento e pôde ser acentuado a partir de 1990, quando do fim do comunismo no Leste Europeu, fato que implicou o redimensionamento do projeto e o envolvimento de mais instituições em sua consecução, conforme se verá a seguir.

A MEGA depois da queda: as novas perspectivas editoriais e científicas

Com a queda do Muro de Berlim e o desaparecimento da Alemanha Oriental, a publicação da MEGA se viu severamente ameaçada, já que o principal financiador do empreendimento era o próprio partido comunista da Alemanha Oriental. No entanto, a colaboração com o IISG e o acompanhamento feito pela Karl-Marx-Haus de todo o projeto até ali possibilitaram sua continuidade em novas bases. Para participar efetivamente do projeto, essas instituições exigiram

---

[9] Por meio dos "*apparat*" que acompanham cada volume, no caso de manuscritos, busca-se dar ao leitor a exata dimensão do processo de escrita e do estado do manuscrito.

[10] Como se examinará, o formato e o escopo dessa seção, bem como o da quarta, foram profundamente discutidos durante o redimensionamento do projeto.

o completo desligamento de qualquer movimento político da publicação, reduzida apenas a seu aspecto científico, ou seja, filológico e histórico.[11] Além disso, dada a natureza da pesquisa, impôs-se a incorporação de mais instituições e pesquisadores no projeto e também a dos grupos de Berlim e Moscou. O caráter internacional da produção de Marx e Engels, bem como a abrangência de interesses nela contida exigiria a participação de uma equipe multidisciplinar e que envolvesse múltiplos países. Ademais, a internacionalização do projeto libertaria essa produção intelectual, verdadeiro patrimônio humano, de contingências de um dado país. Para tanto, foi constituída a Internationale Marx-Engels-Stiftung (IMES), com sede em Amsterdã, na Holanda, para organizar o projeto.

Nesse momento, foi constituído um conselho científico para coordenar os trabalhos, ao mesmo tempo em que os grupos da Alemanha Oriental e da União Soviética enfrentavam as vicissitudes políticas do início da década de 1990 e, em verdade, com o desaparecimento dos dois países, o futuro do projeto foi ameaçado por algum tempo. A mobilização de intelectuais em vários países e de políticos de diversas correntes acabou por possibilitar a continuidade das edições,[12] ainda que com a perspectiva de redução do número de volumes. Na Alemanha, a tarefa foi conferida à recém-fundada Berlin-Brandenburgische Akademie der Wissenschaften (BBAW), que se juntou à IMES, que contou ainda com a incorporação de diversas outras instituições a partir daí.[13] Incluíndo-se a BBAW, atualmente, a publicação da MEGA é feita com a cooperação de 12 equipes: uma de Moscou, mais quatro alemãs (Premem, Maburg, Ersurt e Göllitz), além de uma equipe de Amsterdã e Berlim, uma equipe de Paris e outra de Toulouse, uma equipe austríaca, outra japonesa e, finalmente, uma americana.

Em 1992, a IMES convocou um congresso em Aix-en-Provence para redimensionar e pensar o projeto, já publicados 43 volumes até então (Cf. GRANDJONC; ROJAHN, 1995). Estudiosos dos diversos grupos e outros discutiram amplamente as questões mais importantes relativas ao prosseguimento do projeto, dadas as novas circunstâncias. Um dos problemas mais urgentes era reduzir o escopo inicial do projeto, sem abdicar do princípio da completeza, consignado até nos estatutos da IMES. Para tanto, concluiu-se que

---

[11] Esse aspecto começa a ser criticado por certos intelectuais e movimentos de esquerda em geral, que se insurgem contra o excessivo academicismo do projeto, como se ele devesse trazer em seu método filológico a marca da luta política.

[12] Após a unificação alemã, o próprio chanceler Helmut Kohl foi um dos defensores da continuidade do projeto.

[13] Além da BBAW e do IISG, outras dez equipes integram o esforço, distribuídas na própria Alemanha e na Holanda, além de Rússia, Japão, França, Estados Unidos, Itália e Dinamarca.

a completeza não seria necessariamente abandonada com a prorrogação no tempo da publicação de todo o legado literário de Marx e Engels e também que não seria necessária a publicação de todos os documentos em sua íntegra, notadamente dos excertos e das notas da quarta seção, passíveis de ser integrados aos escritos que ensejaram sua produção. Várias propostas de redução de volumes e de material foram discutidas, até se chegar à proposta de 114 volumes, ratificada em 1995 pela presidência da IMES.

Um dos resultados mais importantes de todo o processo foi a decisão, dada a escassez de recursos, de dar ênfase à publicação da segunda seção, graças à sua importância na obra marxiana e, sobretudo, às possibilidades de contribuição de uma série de textos inéditos. Essa publicação encontra-se praticamente completa e merece ser analisada, uma vez que oferece um importante exemplo de como a obra marxiana pode e deve ser estudada e dos riscos incorridos em todo o percurso dos últimos quinze anos.

Composta de 15 títulos divididos em 24 livros, dos quais 22 já foram publicados, restando apenas a terceira parte do volume II.4 – *Manuscritos de 1863-1867*, e o volume II.13, o Livro II de *O capital*, tal qual publicado em 1885. A série tem início com os *Grundrisse*, contém a *Contribuição* de 1859, o *Manuscrito de 1861-1863*,[14] as quatro edições do Livro I, assim como a edição francesa de 1872 e os Livros II e III. As novidades mais significativas residem na publicação, pela primeira vez, dos manuscritos redacionais de Engels e, principalmente, dos manuscritos originais deixados por Marx. O volume II.14 encerra todos os 51 manuscritos produzidos por Marx e Engels entre 1871 e 1895, dos quais 45 permaneciam inéditos. Concluída essa segunda seção da MEGA, e, pela primeira vez, todos os escritos de algum modo ligados à obra econômica de Marx estarão disponíveis, renovando debates e ensejando novas questões. A publicação da MEGA em geral e, em especial, da sua segunda seção oferece um terreno fértil e ao mesmo tempo sólido para a pesquisa sobre a obra marxiana.

Uma das primeiras questões postas em consequência da própria natureza da segunda seção reside na delimitação do projeto científico de Marx, como foi posto pelo autor e quanto dele foi cumprido. A publicação póstuma dos Livros II e III de *O Capital*, com efeito, sempre foi objeto de avaliações errôneas, sobretudo por parte dos detratores de Marx.[15] A exata dimensão do

---

[14] Esses manuscritos tiveram sua primeira publicação integral na MEGA, a partir de 1976.

[15] Von Mises (1995, p. 80), *v. g.*, afirma que Marx não publicou os dois livros restantes por não ter encontrado resposta satisfatória para o marginalismo, com o qual entrara em contato. Esqueceu-se

projeto marxiano pode ser agora clarificada, quando se encontram publicados todos os esboços de *O capital*, redigidos a partir de 1858 até a morte de Marx. O primeiro esboço são os *Grundrisse*, de 1858-59. Depois da publicação da *Contribuição* de 1859, Marx redige o *Manuscrito de 1861-1863*, em continuidade àquele texto e com diversos desdobramentos, notadamente a formulação do plano de redação próximo daquele contido na obra de 1867 (Cf. MEGA, II/3.5, p. 1863). Depois de toda a pesquisa contida nesse esboço, especialmente as questões advindas do debate com a economia política, Marx pôde esboçar os Livros II e III, entre 1865 e 1866, isto é, sente-se capaz de abordar todos os temas abrangidos pela obra inteira. E toda a reflexão e o plano aí formulados são retomados nas redações de 1868-1870, 1877-78 e 1880-81. As contínuas redações e revisões do Livro I oferecem um rico material e melhor compreensão do método de Marx. De acordo com Krätke (2005, p. 156), cada aspecto da teoria marxiana era confrontado com uma série de pesquisas históricas e dados empíricos, colhidos em várias publicações, do que resultou o adiamento constante da redação definitiva, fato agravado pela atividade política intensa na Internacional. Krätke afirma que, tivesse Marx podido prosseguir em sua trajetória intelectual por alguns anos mais,

> [...] não teria renunciado a seu método "genético" de "desenvolvimento" das categorias. No entanto, no curso do trabalho levado a termo em seus quinze últimos anos, ele não deixou de perceber mais e mais claramente os "limites do método dialético". Em 1882, ele tinha à sua disposição um vasto conjunto de conhecimentos e capacidades analíticas para conferir às categorias de sua teoria geral uma dimensão mais "histórica" (KRÄTKE, 2005, p. 160).

Com a análise de todos os textos marxianos ora disponíveis, torna-se possível determinar a racionalidade imanente a *O capital*. Ainda que se trate de uma obra inacabada, é possível determinar que se trata de uma obra coerente e, portanto, completa em sua trama categorial.[16]

Sintomática dessa questão é o cotejamento tornado possível entre as edições engelsianas e o plano formulado por Marx. Com efeito, estão agora disponíveis os manuscritos originais sobre os quais Engels se debruçou. Ao longo de toda a história do marxismo, desde Kautsky, afirmou-se com

---

apenas de avaliar toda a intensa atividade política do período e, principalmente, o trabalho rigoroso que Marx empregou na redação de *O capital*.

[16] É o que Krätke (2002) buscou demonstrar, tentando explicitar que os diversos temas propostos por Marx nos dois planos para *O capital*, em grande medida, podem ser determinados com o suporte dos esboços e do material preparatório, inclusive a tematização sobre classes e Estado.

frequência, em diversos níveis, que Engels teria subvertido e, em grande medida, distorcido a obra marxiana.[17] Conforme se afirmou acima, Engels fez escolhas significativas ao publicar suas obras e as de Marx, conferindo um sentido às suas produções e tendo por objetivo atender a uma necessidade política determinada historicamente. No caso dos Livros II e III de *O capital*, esse objetivo se submeteu à exigência maior e mais geral de dar continuidade ao projeto científico de Marx, devendo Engels selecionar quais manuscritos relativos a cada tema deveriam ser utilizados Essa questão pode ser abordada sob nova perspectiva, mais consistente no que se refere à obra econômica, conquanto permaneça em aberto no que se refere aos aspectos ontológicos subjacentes. Afinal, está disponível material de três naturezas distintas: os manuscritos marxianos, os manuscritos redacionais de Engels e os textos publicados por ele. Pode-se, portanto, analisar o método de redação de Engels, seu resultado e, principalmente, cotejá-lo com o texto marxiano.[18]

Cabe afirmar ainda que a compreensão do projeto marxiano ganhará contornos mais precisos quando forem analisados todos os textos marxianos que serviram de suporte para a redação de *O capital*. A atividade jornalística de Marx merece estudos detalhados, pois, conforme se viu, representou o momento privilegiado em que o autor se debruçou sobre os fatos concretos, medida, para ele, da própria teoria. Além disso, há uma série de anotações de leituras, a ser ainda publicadas na quarta seção da MEGA. Num plano mais geral, o que aqui se disse pode ser estendido aos diversos ramos do pensamento humanístico, intimamente ligados ao pensamento marxiano. O momento em que todas essas perspectivas são tornados possíveis, contraditoriamente, é aquele em que a obra de Marx se encontra livre do embate prático mais imediato, ainda que a censura acadêmica a seu legado tenha permanecido e crescido nos últimos anos, sintoma do referido abandono de qualquer projeto político de esquerda.

Finalmente, é necessário apontar uma das mais importantes consequências da edição da MEGA, o surgimento de diversas iniciativas de tradução das obras marxianas, alinhadas com os padrões estabelecidos para a edição alemã. A mais promissora é a francesa, a Grande Édition Marx-Engels (GEME), que pretende publicar a quase integralidade das obras, retomando o projeto das Éditions Sociales, embora parta de uma forte crítica às traduções dessa coleção, já que seriam desprovidas do devido rigor filológico em relação ao todo do pensamento marxiano. Essa edição pretende ser levada a termo em meio à realização de seminários permanentes para a discussão das obras e

---

[17] Num nível mais geral, é o que se depreende da leitura de Lukács (1984).

[18] Cf. KRÄTKE (2006). Esse autor entende que Engels não falseou o projeto marxiano, em nenhum nível, nem nas obras filosóficas que publicou depois da morte de Marx, com quem as teria discutido amplamente.

da tradução. Além disso, pretende explorar as possibilidades de publicação e difusão em meio eletrônico, algo ainda deficiente na edição da MEGA.

Igualmente digno de nota têm sido os esforços urdidos no Brasil de publicação de diversas traduções. Cabe destacar a primeira tradução em língua portuguesa dos *Grundrisse*, pela Editora Contraponto, bem como a primeira tradução no mundo de *A Ideologia Alemã*, tal qual aparecerá na MEGA. Essas e outras iniciativas possuem o traço característico de uma grande preocupação filológica e de rigor com o texto marxiano, nem sempre presentes em edições anteriores. Trata-se de sintoma do amadurecimento paulatino dos estudos em marxologia no País.

Considerações finais

Foi exposta a história sucinta das edições das obras completas de Marx e Engels. O principal obstáculo à satisfatória publicação dessas obras, ao longo do século XX, foi a grande ligação da obra marxiana com os movimentos revolucionários e, principalmente, com as experiências sociais do Leste Europeu. Com isso, as diversas publicações sempre atenderam a um dado modo de atuação política, que sempre viciou, quando não inviabilizou, os próprios esforços editoriais.

Os problemas começaram com Engels, ainda que sua contribuição seja indiscutível. Cabe dizer que Engels foi o único a conhecer a obra marxiana tal qual se conhece agora. Sua fidelidade ao projeto marxiano, no que se refere à obra econômica de Marx, pode agora ser avaliada.

O destino trágico de Riazanov e as distorções descritas em todas as publicações soviéticas são a expressão acabada do próprio tratamento dado à obra marxiana por todos os partidos comunistas no século XX. Conforme se demonstrou, os raros momentos de progresso dos esforços editoriais se deveram exclusivamente à própria luta política no interior dos partidos. Marx somente foi descoberto e redescoberto quando isso era necessário ao combate a um dado oficialismo, seja ele o da II Internacional, seja o stalinismo. Até a queda do Muro de Berlim, Marx e Engels eram, antes de tudo, os fundadores do marxismo, do qual os partidos comunistas eram os guardiães, portadores exclusivos no processo histórico e, por isso, responsáveis pelo avanço da teoria marxista.

A nova publicação da MEGA, especialmente a conclusão da segunda seção, quase que simultânea à conclusão da edição dos *Collected Works*, repõe, num nível mais profundo, a perspectiva de redescoberta e retomada da marxologia. Conforme se demonstrou, a compreensão da obra econômica de Marx sofre grande transformação com a publicação de todos os esboços de *O capital*. Com efeito, essas obras dão uma nova dimensão para a inexata distinção entre o Marx "filósofo" e o Marx "economista". Obras como os *Grundrisse* e o *Manuscrito de 1861-1863* tornam explícitas as bases ontológicas sobre as quais se configurou a trama categorial, aspecto enunciado já na *Introdução de 1857* e presente apenas, de modo sutil, na obra de 1867. Além disso, os esboços de *O capital* permitem estabelecer com maior precisão a *démarche* do pensamento marxiano, notadamente o seu plano para a reflexão contida nos Livros II e III e publicada postumamente por Engels. A consistência e a racionalidade imanentes a esse conjunto de textos podem emergir e, sobretudo, ser avaliadas criticamente. Ademais, o estudo dos diversos artigos jornalísticos e das anotações de leituras permitirá a análise mais acurada desse desenvolvimento, especialmente da vinculação entre teoria e ser. O que já se sabe e ainda será confirmado com mais detalhe nos próximos anos é que o ponto de partida da década mais importante de Marx, a saber, os *Grundrisse*, que ora completam cento e cinquenta anos, podem e devem ser explorados como o conteúdo ainda não elaborado da obra marxiana, mais extenso e pleno do que os livros posteriores. São, com efeito, a chave para a compreensão de uma obra que promove a síntese entre filosofia e ciência num nível mais elaborado do que supuseram todos os autores que, ao longo do século XX, trataram de separar essas instâncias. A obra marxiana, assim, deve ser compreendida como crítica ontológica, que faz a crítica de seu objeto para criticar também as formulações ideais em torno dele (C.f. LUKÁCS, 1984, p. 109).

O ponto de partida deste capítulo foi a constatação do desenvolvimento da marxologia no século XXI em meio ao abandono mundial da perspectiva de esquerda, tal como a concebiam Marx e Engels, a saber, a prática orientada do ponto de vista do trabalho com o objetivo de superação da ordem do capital. Esse contexto acabou por implicar a adoção de uma aproximação eminentemente acadêmica em relação ao texto marxiano. Uma obra de ciência social, como é o caso da economia, nunca está isenta de qualquer escolha política. Marxianamente, economia é política. Portanto, a atividade filológica e a reconstrução histórica das categorias que animaram a reflexão de Marx e Engels nunca serão atividades exclusivamente eruditas, despidas de qualquer implicação prática. No entanto, a apreensão do universo categorial da obra marxiana exige a sua mensuração a partir da própria realidade, como Marx sempre tratou de fazer. No caso de *O capital*, o autor deixou pistas importantes a respeito de seu procedimento. Conforme foi apontado, Marx nunca se satisfez com a coerência interna de qualquer aspecto de sua teoria, devidamente confrontada com a realidade que deveria explicar. Assim, durante a redação dos diversos manuscritos do Livro III, conforme narra Shanin (1990), Marx se dedicou a estudar a Rússia e o desenvolvimento precário do capitalismo no período. Sua conclusão foi de que inexiste um modo de formação do modo de produção capitalista e, por isso, a Rússia ofereceria o exemplo acabado para diversos aspectos tratados no Livro III, tal como ocorrera com a Inglaterra no Livro I. [19] De todo modo, até o fim de sua trajetória, Marx seguiu sempre aquilo que estabeleceu em 1843, ao criticar a filosofia do direito de Hegel, a saber: a necessidade de desvendar a lógica específica do objeto específico, e não o contrário. A marxologia, portanto, tem sempre a tarefa de ir além da filologia e do mero rigor técnico. Tem de buscar a realidade social humana que Marx sempre tratou de analisar. Seu ponto de chegada, na verdade, é o ponto de partida.

Referências

MARX, K. ENGELS, F. *Gesamtausgabe*, I/1. Berlim: Dietz Verlag, 1975.

MARX, K. ENGELS, F. *Gesamtausgabe*, II/3.5. Berlim: Dietz Verlag, 1980.

MARX, K. ENGELS, F *Gesamtausgabe*, II.14. Berlim: Akademie Verlag, 2003.

MARX, K. ENGELS, F *Collected Works*, I. Moscou: Progress Publishers, 1975.

ENDERLE, R. "Sobre a tradução". In: MARX, K. ENGELS, F. *A ideologia alemã*. São Paulo: Boitempo Editorial, 2008.

GRANDJONC, J. ROJAHN, J. *"Der revidierte Plan der Marx-Engels-Gesamtausgabe"*. In: MEGA-Studien, 1995/2.

HECKER, R. *"Unbekannte Geschichte der Erstveröffentlichung des Marxschenökonomischen Manuskripts von 1857/58 als Grundrisse der Kritik der politischen Ökonomie (1939/41) unter den Bedingungen des Stalinismus"*. Palestra proferida em 2001. Disponível em: <http://www.marxforschung.de/docs/010213hecker.pdf>. Acesso em: 17 maio 2008.

HOBSBAWM, E. "A fortuna das edições de Marx e Engels". In: HOBSBAWM, E. (Org.). História do Marxismo, v. 1: O Marxismo no tempo de Marx. Trad. de Carlos Nelson Coutinho et al. São Paulo: Paz e Terra, 1979.

KRÄTKE, M. "'Hier bricht das Manuskrpt ab.' (Engels) Hat das kapital einen Schluss? Teil II". In: *Beiträge zur Marx-Engels-Forschung. Neue Folge.* Hamburgo, 2002.

KRÄTKE, M. *'Le dernier Marx et le Capital'*. In: *Actuel Marx 2005 – 1 (37)*. Paris: Presses Universitaires de France.

KRÄTKE, M. *'Das Marx-Engels-Problem: Warum Engels das Marxsche 'Kapital' nicht verfälscht hat'*. In: *Marx-Engels Jahrbuch, 2006*.

LUKÁCS, G. *Zur Ontologie des gesellschaftlichen Seins.* Munique: Luchterhand Verlag, *1984*.

---

[19] Esse aspecto também foi apontado por Krätke (2007, p. 157), embora para ele os EUA fossem o exemplo a ser adotado por Marx.

ROJAHN, J. *"Publishing Marx and Engles after 1989: the fate of the MEGA"*. Palestra proferida em 1998. Disponível em: <http://www.iisg.nl/~imes/mega-e98.pdf>. Acesso em: 23 abril 2007.

SHANIN, T. *"El último Marx: dioses y artesanos"*. In: SHANIN, T. (Org.) *El Marx tardio y La via rusa: Marx y la periferia del capitalismo.* Trad. G. Baravalle. Madri: Editorial Revolución, 1990.

VON MISES, L. *Ação humana: um tratado de economia.* Trad. Donald Stewart Jr. 2. ed. Rio de Janeiro: Instituto Liberal, 1995.

A história desconhecida da primeira publicação dos *Grundrisse* sob o stalinismo[1]

Rolf Hecker

Tradução de Cláudio Molz

Alegro-me extraordinariamente com o convite para esta palestra, agradecendo-lhes por seu interesse por esse assunto. A obra de Marx ocupa um lugar destacado na história das ideias, mas, infelizmente, até hoje, o conjunto da obra que ele nos legou ainda não foi completamente publicado. Por isso, sou muito grato aos meus colegas, professor Haysaka e professor Otani, por não só acompanharem, há alguns anos, a edição das *Obras completas de Marx e Engels*, mas por editarem até mesmo trabalhos preliminares ainda não publicados relativos a *O capital*, de Marx. Essa tarefa não é apenas honrosa, mas, sobretudo, cansativa. Quando assumimos essa tarefa, recordamos, cheios de reverência, aqueles que antes de nós, sob condições políticas e pessoais incomparavelmente diferentes, haviam iniciado esse trabalho. É o que se aplica, sobretudo, àqueles editores do legado de Marx e Engels, que, já há 75 anos, começaram a editar as obras completas. Hoje, gostaria de falar com mais detalhes sobre um desses pioneiros e entusiastas.

Vocês sabem que um dos manuscritos mais significativos de Marx foi escrito dez anos antes do lançamento do primeiro volume de *O capital*, os *Fundamentos da crítica da Economia Política* (*Grundrisse der kritik der politischen Ökonomie*). Só a partir dos anos 1960, eles passaram a ocupar lugar significativo na história da recepção da obra de Marx, apesar de terem sido publicados em 1939 e 1941 [em dois tomos, no âmbito das *Obras completas de Marx e Engels* "MEGA" (*Marx-Engels Gesamtausgabe*) –, em Moscou, na Rússia, e, em 1953, uma reimpressão foto-mecânica – edição anterior, em Berlim, na Alemanha. Já antes disso, precisamente em 1903, Karl Kautsky havia editado a famosa *Introdução* a esse manuscrito, na revista, dirigida por ele, *Die Neue Zeit* (A nova época).

A tradução completa em japonês dos *Grundrisse* é das primeiras edições da obra em uma língua estrangeira. Enquanto a *Introdução* foi lançada em japonês, em 1927, numa tradução de Minoru Miyakawa e Hajime Kawakami,

---

[1] Este texto é tradução e adaptação de palestra proferida, em alemão, nas Universidades de Iwate, Marioka e Hosei, Tóquio, em 13 e 17 de fevereiro de 2001.

o texto completo foi publicado em cinco partes nos anos 1958 a 1965, traduzido por Takagi Kojiro (da Universidade de Kyushu). A tradução russa completa foi editada, no volume 46, em duas partes, da segunda edição das *Obras completas*, em 1968 e 1969, em Moscou.

Há quase 25 anos surgiram, em Berlim, os *Grundrisse* na segunda edição das *Obras completas de Marx e Engels*. O professor Otani elaborou, em 1998, uma edição especialmente preciosa, que contém o fac-símile completo do manuscrito de Marx, e complementa, de modo excelente, esse volume das *Obras completas de Marx e Engels*.

O fato de, na Alemanha Ocidental e Oriental, os *Grundrisse* terem chamado a atenção dos estudiosos deve-se, sobretudo, a dois textos: um de Roman Rosdolsky (1968) e um de Walter Tuchscheerer (1968), autores com biografias muito diferentes, mas cujos livros despertaram muito o interesse ao serem lançados, pouco tempo depois em que ambos haviam falecido.

Deve-se, provavelmente, a Tuchscheerer que se homenageasse ao primeiro editor dos *Grundrisse*, fazendo com que dois artigos dele, publicados em 1940 e 1941, integrassem a referência bibliográfica de seu livro. São praticamente os primeiros registros sobre a edição inaugural dos *Grundrisse* (VELLER, 1940, 1941). O editor daquela primeira edição dos *Grundrisse* é Pavel Veller, que é mencionado em ambas as partes do livro, como seu único "elaborador". É estranho que, nesse volume, publicado pela Editora Moscovita para Bibliografia Estrangeira, não seja mencionado o Instituto Marx-Engels-Lenin, aludindo-se a ele como editor apenas no fim de Introdução, a qual não é assinada. Estudos posteriores tornaram possível, com base nos documentos conservados no Arquivo de Moscou do Instituto Marx-Engels-Lenin, esclarecer, completamente, a história editorial dos *Grundrisse*.

Já que no centro dessa história está o judeu russo *Pavel Lazarevič Veller*, eu gostaria de esboçar a sua biografia. Ele nasceu na cidade de Kozlov, em 1º de abril de 1903, cidade de tamanho médio, na região de Tambov, a 350 quilômetros, mais ou menos, a sudeste de Moscou e cujo nome, em 1932, havia sido mudado para Mièurinsk. Seu pai fora farmacêutico desse lugar, antes da Revolução Russa de 1917, tendo depois se formado advogado e, na época da NEP (sigla da Nova Política Econômica, que marcou a experiência soviética entre 1921 e 1928), 1921/22, foi dono de uma fábrica em Moscou.[2] Veller tinha cinco irmãos, tendo passado a primeira infância em relativo bem-estar.

---

[2] Em fevereiro de 1924, Lazar Veller, o pai de Pavel, foi condenado a seis anos de prisão, devido aos seus negócios na NEP. Em 1926, conseguiu emigrar para Riga, Letônia, no contexto de uma troca de prisioneiros, reassumindo a sua atividade de advogado, a qual exerceu até sua morte, em 27 de abril de 1940.

Com dez anos, foi levado pela mãe para a Alemanha, para tratamento médico. Até fins de 1917, esteve internado num sanatório educacional, em Berlim, frequentando a escola técnica secundária, da Siemens. Entretanto, não alcançou o nível do vestibular universitário (Abitur), tendo sido, por algum tempo, operário da construção civil. Até 1921, não manteve nenhum vínculo com a casa paterna. Só em 1924, retornou a Moscou num momento em que as pessoas ainda estavam chocadas com a morte de Lenin.

Depois de um breve período à procura por trabalho, Veller conseguiu, no início de 1925, um emprego como tradutor do Arquivo, no Instituto Marx-Engels. Esse instituto havia sido, por sugestão de Lenin, fundado por David Borisovic Riazanov. No verão de 1924, o Congresso Mundial da Internacional Comunista e a Assembleia do Partido Comunista Russo tomaram a decisão de lançar uma edição das Obras Completas de Marx e Engels e sua tradução em russo. Para isso, Riazanov foi à busca de cola- boradores que tivessem conhecimento linguístico e técnico. Tanto na edição das *Obras completas de Marx e Engels* quanto na busca de técnicos, Riazanov recebeu o apoio do *Instituto para Pesquisa Social*, em Frankfurt (5). Depois de uma interrupção de 10 meses, em que cumpriu o serviço militar, Veller foi, a partir de 10 de setembro de 1927 até 7 de outubro de 1936, ininterruptamente, funcionário no Instituto Marx-Engels. Em 1927, foi lançado, no 10º aniversário da Revolução Russa, o primeiro volume das *Obras completas de Marx e Engels*. O instituto teve significativo cres- cimento sob a direção de Riazanov, tornando-se um centro de pesquisa e estudos reconhecido.

A atividade de Veller no Instituto Marx-Engels esteve, desde o início, vinculada a decifrar, ordenar e elaborar os excertos e manuscritos econômicos de Marx. Já em 1926, fora "encarregado de ordenar e dirigir a decifração dos manuscritos, que não faziam parte do calhamaço de 'O capital', isto é, as chamadas 'Série Pequena' e 'Série Grande'". Dessa época foi conservado um manuscrito datilografado, abrangendo 262 páginas, de uma descrição detalhada de todos os 23 cadernos dos manuscritos de 1861-63. Sua cola- boração foi decisiva no volume 2 da Parte I da edição das *Obras completas de Marx e Engels*, lançado em 1930.

A atividade do Instituto Marx-Engels foi abruptamente interrompida, quando, em inícios de janeiro de 1931, Riazanov foi detido, logo após o seu 60º. aniversário, que fora comemorado com todas as honras. Ele foi acusado de ter transformado o instituto em um refúgio do menchevismo e de haver deixado de revelar documentos importantes de Marx e Engels, que seriam úteis na luta contra a social-democracia. Finalmente, Stalin conseguiu calar Riazanov, que lhe era politicamente incômodo. Seguiu-se um expurgo do instituto, tendo sido demitidos mais de 100 funcionários.

Veller, que era apartidário, sobreviveu a esse expurgo. Em sua ficha, consta: "Ele participa do trabalho social. Mas nós desconfiamos dele, de algum modo. Talvez isso se explique pelo fato de o seu pai provir de círculos burgueses". Mesmo assim, foi eleito membro do Comitê Sindical do Instituto Marx-Engels-Lenin, unificado com o Instituto Lenin. Não se mencionam, em ficha, suas destacadas qualidades editoriais. Ele era, de fato, um especialista indispensável, por ser um dos poucos que sabia decifrar a letra manuscrita de Marx.

Ao confeccionar, depois do expurgo, uma visão geral sobre a situação em que se encontrava a edição das *Obras completas de Marx e Engels* e suas perspectivas, o húngaro Ernst Czóbel, que era, até então, o substituto de Riazanov e responsável pela edição das *Obras completas*, fez a observação de que Veller trabalhava no volume IV (*Situação da Classe Trabalhadoras na Inglaterra* de Engels) e no volume V (*Ideologia Alemã* de Marx). A respeito da Parte II, diz: "A preparação dos volumes da Parte II (*O capital*) ainda não começou. A maioria dos cadernos econômicos de Marx, que contêm os trabalhos preliminares até 1858, além dos trabalhos dos anos de 1861-63, está decifrada, no entanto, a decifração ainda não foi estabelecida".

Inicialmente, Veller concluiu a elaboração do volume I/5 da edição das *Obras completas de Marx e Engels*, depois passou a integrar a recém-criada "brigada econômica da edição das *Obras Completas de Marx e Engels*". O Comitê Central do Partido Comunista da Alemanha havia enviado membros do partido para Moscou, a fim de colaborarem na edição das *Obras completas de Marx e Engels*. Foi assim que Veller começou, junto com Horst Fröhlich, a preparar o texto alemão do *Sechstes Kapitel, Resultate des unmittelbaren Produktionsprozesses* [*Capítulo Seis, Resultados do Processo Imediato de Produção*], para compor do *Archiv K. Marksa i F. Engel'sa*, nas duas línguas. Além disso, foram editados, naquele ano, pela primeira vez, alguns trechos sobre a teoria da crises, extraídos do manuscrito de 1857-58, que foram chamados de trabalhos preparatórios para a *Zur Kritik der politischen Ökonomie* [*Contribuição à crítica da economia política*], numa coletânea do Instituto para Economia e Política Mundiais, da Academia Comunista, em língua russa. Com isso, deu-se início à preparação dos volumes da Parte II da edição das *Obras completas de Marx e Engels*.

De um relatório do início de 1934, redigido por Fröhlich, depreende-se que dessa "brigada econômica" participavam quatro membros do Partido

Comunista alemão, trabalhando no primeiro volume de *O capital*. Primeiramente, eles elaboraram uma comparação da 4ª. edição, que deveria servir de base, com todas as edições precedentes. Além disso, todas as citações deveriam ser novamente conferidas. Fröhlich, no entanto, achava que, ainda em 1934, poderia aparecer o primeiro volume da edição das *Obras completas de Marx e Engels*, Parte II, em dois tomos, e, em 1935, como terceiro tomo, a edição francesa.

Segundo o plano estabelecido em 1931, na Parte II, deveriam ser lançados, primeiramente, todos os três volumes de *O capital* (1-5), depois, os *Grundrisse* (6), *Os manuscritos 1861-63* (7-11) e, por fim, os manuscritos relativos aos volumes 2 e 3 (12, 13) de *O capital*. No prospecto da edição das *Obras completas de Marx e Engels*, do início de 1933, já se anunciava o primeiro volume dessa parte.

Nessa época, no início de 1934, Veller voltou a ocupar-se intensamente com os *Grundrisse*. Sua alta competência como decifrador da letra de Marx pode ser depreendida também pelo fato de que, entre fevereiro e março de 1934, realizou um seminário de decifração, de quatro dias, no Setor Marx-Engels do instituto. Como resultado do seu trabalho preparatório da edição dos *Grundrisse*, apresentou, em 3 de agosto de 1934, um estudo, com 194 páginas, sobre os "Manuscritos econômicos de 1857-58, de Marx". De fato, essa é a primeira descrição detalhada e coerente da história do seu surgimento e conteúdo.

Na primavera e no verão de 1935, houve uma cesura decisiva nos trabalhos de edição das *Obras completas de Marx e Engels*. Os membros do Partido Comunista alemão sugeriram algumas alterações de conteúdo nos volumes da edição das *Obras completas de Marx e Engels*. Segundo eles, os excertos de Marx deveriam ser tomados em consideração nos volumes das Partes I e II apenas na medida em que pudessem contribuir para aumentar a compreensão do material contido neles. A sua publicação propriamente dita ocorreria numa parte especial da edição das *Obras completas de Marx e Engels*. Além disso, o texto deveria ser separado das variantes internas do manuscrito. Assim, pilhas de folhas já impressas do volume 1 de *O capital* tiveram de ser descartadas. Apesar de terem sido apresentadas diversas concepções de como continuar os trabalhos, um dos membros do PCA foi, subitamente, demitido, outro pediu que fosse deslocado para outra atividade, de modo que o grupo se desintegrou.

Veller havia levado adiante o trabalho com os *Grundrisse* a tal ponto que pôde ser efetuada uma impressão, parcial, bilíngue do *Capítulo sobre o dinheiro*, no *Archiv K. Marksa i F. Engel'sa*. Nesse estágio dos trabalhos, a Parte II foi praticamente "congelada", já não havendo quem pudesse ocupar-se da edição de *O capital*. Até mesmo a Veller foram dadas novas tarefas.

No verão de 1935, o Comitê Central do Partido Comunista da União Soviética tomou uma decisão sobre as atividades do instituto. Nela não se fazia referência, nem mesmo uma palavra, à edição das *Obras completas de Marx e Engels*. Pode-se inferir que, com isso, estava sendo decretado o fim da edição das *Obras completas de Marx e Engels*, já que, sem a decisão e a anuência de Stalin, não se poderia trabalhar nela.

Veller foi mandado de volta ao trabalho no Arquivo do instituto. Recebeu a tarefa de empreender uma descrição detalhada de todos os manuscritos econômicos. Para cada fotocópia de documento existente, confeccionou um "passaporte", como se chamava, e que continha os seguintes dados: numeração, tamanho, língua e característica, relação com a obra ou série, publicação, origem do documento, anotação e informação da fonte (descrição testemunhal). Os "passaportes" enchem duas pastas de arquivo, que foram conservadas.

No início de 1936, o trabalho no Setor Marx-Engels foi, mais uma vez, reorganizado, após um expurgo do Partido. Novos funcionários assumiram os *Grundrisse*, que Veller já havia quase acabado de elaborar (na época, ainda designados de "Série Pequena"). Indignado, dirigiu-se, por carta, em que pedia demissão:

> Peço desvincular-me do trabalho no Instituto Marx-Engels-Lenin, uma vez que não posso concordar com a sugestão do camarada Segal de trabalhar na edição da "Série Pequena", tarefa atribuída a mim desde o outono do ano passado, sob a direção do camarada Rudaš, já que fui eu quem coligiu todo o material para esse grupo de manuscritos, preparando-o, em medida significativa, para publicação, e não o camarada Rudaš, nem qualquer outra pessoa.

O húngaro Ladislaus Rudaš havia, aliás, exigido que a edição das *Obras completas de Marx e Engels* fosse liberada de "peso morto" desnecessário e franqueada para utilização de amplas massas de funcionários do Partido, causa que seguramente não tinha o apoio de Veller. O diretor do instituto, de início, postergou a sua demissão, que, no entanto, acabou ocorrendo em 7 de outubro de 1936. Simultaneamente foi estabelecido um contrato com o Arquivo do instituto, segundo o qual Veller assumiria a responsabilidade de elaborar diversos catálogos para tornar o legado de Marx e Engels acessível.

No verão e no outono de 1936, o instituto conseguiu adquirir os manuscritos originais dos *Grundrisse* e dos *Manuscritos 1861-63* e outros cadernos que fazem parte de *O capital*. O vendedor foi um polonês, Marek Kriger, que vivia em Viena e que, tendo trabalhado antes de 1933, por certo tempo, no Arquivo da SPD (Partido Social-Democrata alemão), em Berlim, teria alegadamente recebido esses originais como "recompensa" por seus serviços; para isso, apresentou um documento escrito a esse respeito, que, no entanto, não estava assinado. Até hoje, essas circunstâncias não foram esclarecidas com precisão. De qualquer modo, ele vendeu por aproximadamente US$ 20.000.00 esse precioso acervo, que, desde então, se encontra em Moscou.

No início de janeiro de 1937, Veller comunicou, em um relatório intermediário, que havia concluído o trabalho de ordenação e organização de 63 cadernos manuscritos. Nele também se encontram trechos dos *Grundrisse*, uma vez que, até o dia 2 de dezembro de 1936, Veller também havia trabalhado simultaneamente neles. Provavelmente, não se incorrerá em erro se se assumir que ele fizera uma comparação com o original. O contrato dele com o instituto foi renovado em abril de 1937.

Ao irromper, no verão de 1937, no âmbito de mais uma onda de expurgos sobre o instituto, foi imputada a Veller a suspeita de ter utilizado ou guardado, sem autorização, material do Arquivo em sua residência, tendo sido submetido a interrogatório. Foram conservadas duas declarações manuscritas de Veller, nas quais assevera que nem em suas mãos nem em casa se encontravam quaisquer documentos do Instituto Marx-Engels-Lenin, exceto os seus resumos da Série Grande e da Série Pequena e os estudos, redigidos por ele, e as indicações de elaboração relativas a esses manuscritos. Em 23 de agosto de 1937, ele teve que entregar esses estudos ao Arquivo. Com isso, a edição dos *Grundrisse*, e de todos os demais manuscritos, parecia estar definitivamente enterrada. No entanto, Veller fez uso de sua relativa independência para reclamar os seus direitos, exigindo o cumprimento do seu contrato com o Arquivo.

Ao mesmo tempo, ficou evidente que Veller não se submetia simplesmente às circunstâncias dadas, que ele não "rastejava diante das autoridades". Em vista dessa obstinação, não conseguiu outro contrato com o Instituto Marx-Engels-Lenin, ficando, nos meses seguintes, sem renda regular para sustentar cinco pessoas. Apesar disso, prosseguiu na organização dos manuscritos dos *Grundrisse*.

Só em janeiro de 1938, Veller conseguiu assinar um contrato remunerado de traduções com a Editora para Dicionários Estrangeiros, sendo o contrato de trabalho com o instituto restabelecido, em maio de 1938. Esse último, de fato, ao que tudo indica, vinculava-se ao fato de que os manuscritos dos *Grundrisse* poderiam ser entregues, justamente naquele momento, para composição pela Editora para Bibliografia Estrangeira.

Depois de mais uma mudança de direção no Setor Marx-Engel, do instituto em novembro de 1938, Aleksandr Feliksovič Kon constatava, em referência aos *Grundrisse*, que o manuscrito, em boa medida, estava concluído e que, exceto "deficiências significativas na preparação", ele poderia ser lançado ainda naquele ano, em língua alemã. Por um lado, constatavam-se pretensas deficiências; por outro, dizia-se que o volume sairia. Evidentemente, havia bastante insegurança quanto a como lidar com Veller. Já que não existia decisão do Partido, os *Grundrisse* não poderiam ser lançados como volume da edição das *Obras completas de Marx e Engels*, de modo que o instituto, não poderia aparecer como editora.

Em maio de 1939, Veller voltou a ser contratado como tradutor no instituto. Um novo diretor estabeleceu que faria parte das suas tarefas, além do trabalho editorial, a direção de um seminário de decifração. Com isso, ele podia ocupar-se "oficialmente" dos trabalhos de correção e preparação da introdução editorial. Paralelamente a isso, foram preparados, de novo, partes do manuscrito para publicação em língua russa. Assim, em 1939, foram editados, na revista *Proletarskaja revoljucija*, trechos temáticos relativos à história do desenvolvimento das formas de trabalho e propriedade e, na revista *Bol'ševik*, extratos sobre o "fim do capitalismo e a construção do socialismo".

Em 23 de novembro de 1939, os *Grundrisse* entraram no prelo, sendo lançados numa edição de 3.140 exemplares. O manuscrito foi, dessa forma, publicado "pela primeira vez e sem ser abreviado". Para fundamentar o título, comunicava-se no prefácio: "A designação de 'Fundamentos da crítica da economia política (rascunho), 1857/1858' foi escolhida por nós com base em diversas passagens" da correspondência de Marx e Engels.

Eis um resumo dos demais trabalhos de Veller: Em 28 de novembro de 1939, apresentou uma concepção sobre a organização do trabalho para editar o legado manuscrito de Marx e Engels, em que fundamentava uma edição sistemática dos excertos. Em 13 de fevereiro de 1940, concluiu um trabalho a que havia dedicado durante alguns anos, isto é, um catálogo detalhado dos excertos, abrangendo 427 páginas e contendo uma descrição precisa do conteúdo de todos os cadernos de excertos de Marx e Engels, com o elenco dos autores citados. Pouco depois, em 11 de março de 1940, foi entregue para composição o manuscrito do volume do anexo dos *Grundrisse*.

Após ser concluída a publicação dos *Grundrisse*, Veller juntou-se aos esforços para lançar uma nova edição russa das obras de Marx e Engels, a qual deveria tomar em consideração os resultados das pesquisas obtidos nos últimos anos. Apresentou sugestões nesse sentido, em dezembro de 1940, num documento que tinha 28 páginas. No mesmo mês, Veller recebeu uma comunicação, numa "Caracterização" (avaliação) pela Direção e pelo Comitê do Sindicato, distinguindo-o com a qualificação de trabalho meticuloso.

Todos os planos editoriais foram aniquilados em 22 de junho de 1941, quando a Alemanha nazista assaltou a União Soviética. Quando o governo da União das Repúblicas Soviéticas Socialistas se dirigiu em apelo ao povo soviético para opor-se ao inimigo, Veller imediatamente se apresentou para ir para a frente de batalha. Antes disso, em 28 de junho de 1941, o volume do anexo dos *Grundrisse* foi para o prelo, com uma edição de 3.100 exemplares. É improvável que Veller ainda tenha podido segurar em suas mãos o volume pronto – morreu nas batalhas em defesa da região de Smolensk, em novembro de 1941.

Referências

ROSDOLSKY, Roman: *Zur Entstehungsgeschichte des Marxschen 'Kapital'. Der Rohentwurf des 'Kapital'* 1857–58, v. I. Frankfurt/M., Viena, 1968.

TUCHSCHEERER, Walter: *Bevor. "Das Kapital" entstand. Die Entstehung der ökonomischen Theorie von Karl Marx.* Berlim, 1968.

VELLER, P.: Ekonomičeskaja rukopis Marksa 1857–1859gg. In: *Proletarskaja revoljucija, Leningrado, cad. 1, 1940.*

VELLER, P.: Iz opyta raboty nad literaturnym nasledstvom Karla Marksa. In: *Sovetskaja nauka,* cad. 2, 1941.

Roman Rosdolsky: um intelectual em tempos de extremos

João Antonio de Paula

Nosso tempo, disse Hobsbawm, tem sido "interessante" e tem alcançado extremos. *Tempos interessantes* foi o nome que ele deu a seu livro de memórias, publicado em 2002. O quarto volume de sua tetralogia, sobre a história do capitalismo, chama-se *Era dos extremos* e aborda o que ele chamou de "curto século XX", que teria começado com a Primeira Grande Guerra e se encerrado com o fim da URSS, em 1991. Para Hobsbawm, o século passado foi marcado por demasias, por paroxismos de toda ordem: da tragédia à abjeção, do sublime ao grotesco, da barbárie às esperanças fortemente auspiciosas.

É sob essa dupla clivagem – a que remete ao interessante e movimentado, mas que também não quer eludir à barbárie, que também ela esteve presente – que se deve considerar a figura que se quer evocar aqui.

Nascido na Galícia, em 1898, região então pertencente ao Império Austro-Húngaro, e que morreu em Detroit, nos Estados Unidos, em 1967, Roman Rosdolsky, militante político, historiador, economista, escritor, professor é desses indivíduos para os quais a vida é um permanente turbilhão, testemunha e sujeito de acontecimentos e processos decisivos do século XX.

Que esse verdadeiramente grande nome do pensamento social não seja devidamente conhecido não é particularidade brasileira. De fato, tanto as circunstâncias incisivamente dramáticas de sua vida quanto o sentido mesmo de suas escolhas ético-políticas salvaram-no da celebridade frívola; de outro lado, condenaram-no, ao seu nome e a sua obra, ao quase anonimato.

Estudante em Praga e Viena, no período terminal do Império Austro-Húngaro, Roman Rosdolsky emigrou para os Estados Unidos, em 1947, país onde não ocupará nenhuma posição acadêmica de relevo com exceção de um curto período, entre 1949 e 1951, quando lecionou história na Wayne State University, de Detroit. Escreveu o principal de sua obra em russo e alemão. Isso tudo terá contribuído também para explicar o pouco que dele se sabe. Uma busca na rede mundial de computadores sobre Roman Rosdolsky traz pequenos e insatisfatórios resultados. Fora a listagem do material constante do arquivo "*Roman Rosdolsky Papers*", o texto mais informado sobre ele é de Ernest Mandel, tradução para o holandês de um artigo escrito para a revista

Quatrième Internationale, nº 33, de abril de 1968. Além do texto de Mandel, cite-se o artigo de Anson Rabinbach que traz alguns poucos dados biográficos retirado da biografia de Rosdolsky, escrita por sua esposa – Emily – "Ueber den Autor", que está nos *Studien über revolutionäre tatik*, de Roman Rosdolsky, publicado em Berlim, em 1973 (RABINBACH, 1974, p. 52).

Mesmo a pequena informação que circula sobre Roman Rosdolsky não está isenta de imprecisão. Num dos textos da internet, a data de seu nascimento aparece como 18 de julho de 1898; noutro, a data reportada é 19 de julho de 1898. Também a data de sua morte é imprecisa nesses textos: 15 de outubro de 1967, 20 de outubro de 1967, enquanto Ernest Mandel, sem precisar o dia, diz que Rosdolsky morreu em novembro de 1967.

Com efeito, Roman Rosdolsky é conhecido, quando o é, sobretudo, pelo seu notável livro sobre os *Grundrisse* de Marx, livro publicado em alemão em 1968, com o título *Zur Entstehungsgeschichte des Marxschen Kapital*, e que, traduzido para o português, por iniciativa de César Benjamin, foi publicado no Brasil, em 2001, com o título *Gênese e estrutura de "O capital" de Karl Marx* (ROSDOLSKY, 2001).

A vida de Rosdolsky, em mais de um aspecto, reflete em sua irredutível singularidade as vicissitudes de toda uma época, tal como essa pode ser vivida por quem fez escolhas políticas, éticas e intelectuais a contrapelo da ordem.

Roman Rosdolsky, revolucionário, marxista, comunista, trotsquista, feito prisioneiro em campos de concentração nazista viveu "a era dos extremos" em alguns de seus limites: a Primeira Grande Guerra; a Revolução Russa; a decomposição dos velhos impérios; a ascensão do nazi-fascismo; as hiperinflações; a luta política e a degeneração burocrática da Revolução Russa; a crise capitalista avassaladora dos anos 1930; as emergências do Estado Keynesiano de Bem-Estar Social; a barbárie nazista e a Segunda Grande Guerra; os anos de ouro do capitalismo pós-1945.

Roman Rosdolsky nasceu na Galícia, na cidade de Lemberg (hoje chamada "Lvov") em 1898, cidade pertencente, então, ao Império Austro-Húngaro. Tal como a região homônima na Espanha, essa Galícia também tem sua história ligada às migrações célticas. No passado, essa Galícia celta no mundo eslavo foi dividida, sendo sua parte ocidental incorporada à Polônia (as regiões de Cracóvia e Rzeszow), enquanto a parte oriental passou ao controle da Ucrânia, também chamada de "Rússia Branca" ou "Rússia Kieviana" (as regiões de Lvov, Ivano, Frankovsk, Drogobytch e Tecnopol). No século XII, a Galícia oriental tornou-se independente da Rússia Kieviana, sendo anexada à Polônia, em 1349, por Casimir III. Em 1772, na primeira repartição da Polônia, a Galícia foi atribuída à Áustria. A dominação austríaca sobre a região manteve-se, no essencial, até a Primeira Grande Guerra, quando foi palco de violentos combates. Anexada à Polônia, em 1918, a Galícia foi alvo de disputa entre rutenos ucranianos e poloneses durante as décadas seguintes. Em 1945, a Conferência de Potsdam dividiu novamente a Galícia, atribuindo a parte oriental à Ucrânia e a parte ocidental à Polônia.

Se é costumeiro, e justificado, atribuir-se à Polônia destino infausto pelas recorrentes agressões que sofreu por parte de seus poderosos vizinhos (Rússia – Áustria – Prússia – Alemanha), esse quadro fica ainda mais dramático se se considerar a situação da Galícia, região ainda mais humilhada e esbulhada, porque periferia de periferia.

Recrutado pelo exército austríaco em 1915, Rosdolsky já nessa época era militante socialista, membro dos Círculos Drahomanov. Em 1917 edita, na Galícia, juntamente com Roman Turiansky, o Jornal *Klic*. Participa, em 1918, da fundação, na Galícia polonesa, da organização clandestina Social Democracia Revolucionária Internacional. Foi membro do Comitê Central do Partido Comunista da Galícia Oriental, entre 1921 e 1924, representando os militantes exilados. Inicialmente simpático às posições de Bukharin, Rosdolsky, em 1924, recusou-se a apoiar a condenação à *Oposição de Esquerda*, bloco interno ao Partido Comunista Russo, liderado por Trotsky, no momento em que a luta interna do Partido se intensificou, com a morte de Lênin, em janeiro de 1924. Membro da corrente trotsquista a partir de 1924, Rosdolsky será expulso do Partido Comunista da Galícia Oriental, no mesmo contexto em que se deu a queda de Trotsky, sua expulsão do Partido e do país, no final dos anos 1920, momento do início da dominação stalinista.

Terminada a Primeira Grande Guerra, Rosdolsky mudou-se para Praga, na República Tcheca, onde estudou Direito. Logo em seguida, vai para Viena, cidade onde viveu seus decisivos anos de formação. Rosdolsky morou em Viena até 1934, quando, com a chegada ao governo de Dolfuss, líder do Partido Católico Conservador, teve início uma dura repressão à esquerda socialista e revolucionária, motivando a volta de Rosdolsky para a Galícia.

Em Viena, Rosdolsky estudou Direito, História e Ciência Política, defendendo tese de doutorado, em 1929, com o título "Marx e Engels e o Problema dos Povos sem História" (*"Das Problems du Geschichtslosen Völker bei Marx und Engels"*), publicado em inglês em 1964, em que ele discute as Revoluções de 1848-1849, na Europa, do ponto de vista da afirmação das identidades dos povos que Hegel chamou "sem história", isto é, que tinham construído "Estados", ou que tinham dificuldade de fazê-lo autonomamente, como é o caso, entre outros, das nacionalidades eslavas sobre o domínio russo/prussiano/austríaco.

Como aluno da Universidade de Viena, Rosdolsky foi aluno de Victor Adler, a primeira grande liderança da corrente chamada "austro-marxista", que pouco influenciou o seu marxismo, que nada reteve do Kantismo, que Victor Adler tentou insuflar no marxismo a partir do seu livro, de 1904, *Causalidade e teleologia na disputa sobre a ciência*. De fato, Rosdolsky defenderá, em sua principal obra, a centralidade da dialética hegeliana na obra de Marx.

Rosdolsky foi membro correspondente do Instituto Marx-Engels, de Moscou, de 1926 a 1931, experiência que foi decisiva em sua carreira como pesquisador, na medida em que o Instituto Marx-Engels, dirigido na época por David Riazanov, era, então, o maior repositório de documentação sobre o marxismo e o movimento socialista. Foi ali que ele tomou conhecimento da existência dos vários manuscritos inéditos de Marx, entre ele dos *Grundrisse*, que só serão publicados em 1939, e que terão decisiva influência em sua vida como pesquisador.

Rosdolsky casou-se em 1927, com Emily, que teve papel decisivo tanto em sua vida profissional e política quanto no plano afetivo. Em 1964, ele retornou a Lvov, passando a lecionar História Econômica na universidade local. Continuou sua militância política, editando, entre 1934 e 1938, o periódico de filiação trotsquista *Zittja i slovo*. É nesse período que ficou conhecendo o grande marxista polonês Isaac Deutscher, de quem ficará amigo e com quem manterá uma rica correspondência por muitos anos. De seus primeiros anos em Lvov, é a publicação, em 1936, de seu primeiro estudo histórico sobre a realidade agrária da Galícia – (Wspólnota Gminna w byl. Galiaji i jej zanik) – *A comunidade aldeã da Galícia Oriental e sua dissolução*. A Segunda Guerra Mundial interrompeu a publicação de outro grande trabalho de Rosdolsky sobre o campesinato da Galícia, que só foi editado em 1962 (Rabinbach, 1974, p. 57).

Em 1939, com o início da Segunda Guerra, a Galícia foi ocupada pelo Exército Soviético em consequência do Tratado entre Hitler e Stálin. Em 1942, Rosdolsky foi preso em Cracóvia, pela Gestapo, por suas atividades políticas antinazistas, sobretudo por sua ajuda à população judaica da região. Preso, sobreviveu a três "campos de concentração" – Auschwitz, Ravensbrück e Oranienburg. Rosdolsky nos deu relato impressionante de sua passagem por aqueles "campos da morte", em que ele denuncia tanto os extremos da barbárie quanto analisa os aspectos econômicos dos campos de concentração. Diz ele – "Auschwitz não é apenas um 'campo de morte' mas, também, um enorme campo de trabalho forçado, com vários campos subsidiários espalhados por considerável território; com uma média de 80.000 escravos do Reich Alemão. Ele era um *sui generis* 'estado dentro do estado', com uma série de indústrias, minas e mesmo empresas agrícolas" (Rosdolsky, 1988, p. 34). Esse texto dá conta de uma aguda sensibilidade de historiador, história que, junto com os estudos sobre a obra de Marx, foram os campos aos quais Rosdolsky mais se dedicou e são os pontos altos da sua obra.

Vários são os trabalhos significativos de Rosdolsky no campo da história econômica, destacando-se os estudos sobre os regimes agrários da Galícia, Ucrânia, Polônia, Alemanha e Áustria. Rosdolsky também publicou estudos importantes no campo da história do movimento socialista, como é o caso do livro *Estudos sobre a tática revolucionária. Dois trabalhos inéditos sobre a II Internacional e a social-democracia austríaca*, publicado na Alemanha em 1973 (Mehrav, 1985, p. 284).

Se são notáveis seus trabalhos no campo historiográfico, é forçoso reconhecer que a obra-prima de Rosdolsky é seu livro sobre os *Grundrisse* de Marx. De fato, se a esse texto se agregar o artigo "O Significado de "O Capital" para a pesquisa marxista contemporânea" (Rosdolsky, 1972), ter-se-á um conjunto, que, junto com as obras de Preobrazhenski e de Rubin, são os três momentos mais altos da crítica da economia política no século XX, momentos de máxima iluminação teórica, que não se empalidecem mesmo quando confrontadas com os textos de Marx (Preobrazhenski, 1968; Rubin, 1974).

Em 1967, Ernest Mandel deu notícia da anunciada publicação do livro de Rosdolsky sobre os *Grundrisse*. Disse ele – "R. Rosdolsky indica a esse propósito que a publicação dos *Grundrisse* constitui uma verdadeira revelação e que essa obra por assim dizer nos introduziu no laboratório econômico de Marx, e revelou todas as finezas, todos os caminhos de sua metodologia". Esse autor, que é um dos melhores conhecedores de Marx, anuncia a publicação de um livro *Zur Entstehungsgeschichte de Marxschen Kapital* nas edições Europaische Verlagsanstalt, em Frankfurt (Mandel, 1968, p. 105), que de fato foi publicado em 1968.

Publicado em alemão em 1939, os *Grundrisse* foram objeto de interpretações significativas como as de Martin Nicolaus, em 1973, que apareceu como introdução à edição inglesa dos *Grundrisse*; de Enrique Dussel, em 1985, *da Producción Teórica de Marx. Un comentario a los Grundrisse* (Dussell, 1985). O "Marx Desconhecido", de Martin Nicolaus, foi, mais de uma vez, publicado em português, constando do volume publicado em 2003, organizado por César Benjamin, *Marx e o Socialismo* (Benjamin, 2006).

Tanto Martin Nicolaus quanto Enrique Dussell buscaram reconhecer nos *Grundrisse*, em que pesem diferenças de abordagem, momento importante na elaboração da "crítica da economia à política" de Marx. Em sentido contrário, vai a interpretação de Keith Tribe que, influenciado por Althusser, teria visto os "*Grundrisse* como um '*incoerente*' e '*transicional*' estágio para a 'ruptura definitiva' de Marx seja com a economia política ricardiana seja com as noções de alienação, que caracterizam seus primeiros trabalhos" (RABINBACH, 1974, p. 59). Se Keith Tribe é, radicalmente, anti-hegeliano, Martin Nicolaus também o será em termos, na medida em que questiona a adesão do Marx de *Os Grundrisse* a uma *dialética da identidade*, "enquanto a dialética marxista de *O Capital* manifestaria uma dialética da não-identidade" (RABINBACH, 1974, p. 59).

Toda a questão para Nicolaus seria o "falso ponto de partida" representado pelo fato de os *Grundrisse* não se iniciarem pela análise da *mercadoria*. Com efeito, essa é questão decisiva, mas sua efetiva apreensão pressupõe reconhecer que a obra não "nasceu pronta e acabada", que é resultado de uma relativamente longa maturação. Nesse sentido, quando Marx, em 1880, nas *Glosas Marginais ao "Tratado de Economia Política"* de Adolph Wagner (MARX, 1977), insistiu em afirmar a centralidade da mercadoria, essa afirmação representa o desenlace de um itinerário teórico e conceitual, que se construiu aos poucos. Para quem se dispõe a acompanhar o processo de elaboração conceitual de Marx, é desconcertante ler em uma carta dirigida a Engels, em 29 de dezembro de 1858, que relata a redação do texto da *Contribuição à crítica da Economia Política*, a intenção de fazer da análise de mercadoria o ponto de partida do livro. Diz Marx (1974, p. 83):

> [...] minha mulher está copiando de novo o manuscrito, que não poderá sair antes do final do mês. As razões deste atraso são: grandes períodos de indisposição física, situação que não terminou agora com o inverno. Demasiados problemas domésticos e econômicos. Finalmente: a primeira parte resultou mais importante porque, dos dois primeiros capítulos, o primeiro (*A MERCADORIA*) não estava redigido em absoluto no projeto inicial, e o segundo (*O DINHEIRO, OU A CIRCULAÇÃO SIMPLES*) não estava escrito senão esquematicamente, e depois foram tratados com mais detalhes que eu pensava a princípio [...]

Pela correspondência de Marx, é possível, então, identificar o momento em que a estrutura expositiva da crítica da economia política adquire seu formato definitivo. Esse momento situou-se entre 2 de abril de 1858, quando Marx, em carta a Engels, ainda continua considerando o ponto de partida de sua obra como o *Valor*, e 29 de novembro de 1858, quando a *mercadoria* aparece como categoria inicial da exposição. Não há nas cartas nenhum esclarecimento do que o teria levado à mudança. De todo modo, trata-se de acontecimento essencial, ponto culminante do itinerário de Marx na construção de sua *Crítica da Economia Política*.

Se é assim, então a obra de Rosdolsky deve ser vista como roteiro inexcedível do itinerário da construção da crítica da economia política tal como ela pode ser feita numa *primeira navegação*. E aqui a menção a Platão é mais que metafórica. Trata-se, no caso de Marx, de ver sua obra depois dos *Grundrisse*, a partir da *Contribuição à crítica da Economia Política*, de 1859, como uma segunda e, potencialmente, mais rigorosa navegação porque guiada por *método de exposição* rigorosamente desenvolvido em suas implicações dialéticas, como nos mostrou Marcos Müller (1982).

Já vai longe o tempo em que a chamada "questão do método" tomou conta do debate no campo das ciências sociais e do marxismo, em particular. Se houve exageros, se houve "fetichizações", se houve mesmo certo abuso na petição da explicitação das "condições de possibilidade do conhecimento", não é o caso de se interditar a discussão sobre o método porque é preciso ver nela questão inescapável. Mesmo Hegel, aquele que mais explicitamente se colocou denunciar o criticismo kantiano, como tautológico ou aporético, teve que se haver com a questão epistemológica, a seu modo, como se vê na *Fenomenologia do Espírito*. Veja-se o que diz Jean Hippolite (1991, p. 8-10):

> Em suas obras filosóficas de Iena, Hegel havia criticado toda *propedêutica* à filosofia. Não é possível ficar-se, continuamente como Reinhold, no pórtico do templo. A filosofia não é nenhuma lógica como "*Órganon*" que trata do instrumento do saber antes de saber, saem um amor à verdade que não fora a possessão mesmo da verdade. Não, a filosofia é ciência e, como defende Schelhing, ciência do Absoluto. Em vez de permanecer na reflexão, no saber sobre o saber, há que fundir-se, direta e imediatamente, no objeto a conhecer-se, chame-se este Natureza, Universo ou Razão Absoluta". [...] "Em sua introdução à *Fenomenologia* Hegel repete suas críticas a uma filosofia que não fosse mais que teoria do conhecimento. E, contudo, a *Fenomenologia*, como assinalaram todos seus comentaristas, marca em certos aspectos um retorno ao ponto de vista de Kant e Fichte. [...] "Hegel que havia criticado anteriormente toda propedêutica, insiste agora na necessidade de situar-se na perspectiva da consciência natural e de levá-la, progressivamente, ao saber filosófico. Impossível começar pelo saber absoluto.

A *Fenomenologia do espírito*, de Hegel, que completou, em 2007, 200 anos, representa, na obra de Hegel, o momento fundante de seu *sistema*, que se realizará, em 1812, com a publicação da *Ciência da lógica*. Na *Fenomenologia do espírito*, há a volta a Kant e a Fichte, a volta às petições de condições de possibilidade do conhecimento para dar uma resposta diferente a essas exigências, uma resposta, que, reconhecendo a *consciência imediata* como ponto de partida necessário da caminhada do espírito, faz da caminhada, da "odisseia da consciência", do seu processo de aprendizado, de sua presença no mundo, o itinerário enriquecedor da consciência, que em seu périplo pelo mundo tanto transforma-o, quanto é transformado por ele. Essa problemática foi inexcedivelmente posta por Karel Kosik num texto, justamente, célebre, que aproximou a *Fenomenologia do espírito*, de Hegel, de *Anos de aprendizagem de Wilhelm Meister*, de Goethe, e de *O capital*, de Marx, e todos os três da *Odisseia*, do Homero (KOSIK, 1976, p. 166).

No que interessa neste texto, buscou-se, sem forçar indevidas afinidades, tanto ver paralelismos na relação entre a *Fenomenologia do espírito* e a *Ciência da lógica* de Hegel, e os *Grundrisse* e o *O capital* de Marx, cabendo, a partir disso, reconhecer que Rosdolsky, como estudioso dos *Grundrisse* de Marx, ocupa na história do pensamento marxista lugar equivalente ao que Alexander Kojève e Jean Hippolite têm no relativo à obra de Hegel.

É bem conhecida a passagem de Marx onde ele explica as razões que o teriam levado a não publicar a *Introdução à contribuição à crítica da Economia Política*. Diz ele no Prefácio à *Contribuição da crítica da Economia Política*, de 1859: "Ainda que houvesse esboçado uma introdução geral, prescindo dela, pois, bem pensada a coisa, creio que é adiantar resultados que devem ser demonstrados, o que seria um estorvo. O leitor que queira, realmente, me seguir deverá estar disposto a transitar do particular ao geral" (MARX, 1972, p. 34)

Em outro momento, Marx foi ainda mais explícito em sua afirmação sobre a impropriedade de uma apresentação de categorias analíticas separadas da exposição de suas presentificações e conexões necessárias. Para ele, o modo necessário, legítimo, de aparecimento e desenvolvimento dos conceitos, do ponto de vista do método dialético, impõe que esses conceitos emerjam da própria explicitação do objeto, de sua efetiva *apropriação-exposição*. Nesse sentido, para Marx, a apreensão do conceito pressupõe que se o acompanhe em toda a sua caminhada, em sua odisseia de aparições-metamorfoses. Diz Marcos Müller (1982, p. 24): "O método dialético quer superar essa exterioridade do conhecimento em relação ao objeto e a concepção instrumental de método aí presente. Este exige que o conhecimento aprenda as determinações do conteúdo no próprio movimento pelo qual elas se desdobram, estabelecendo a conexão necessária e, imanente entre elas".

De todo modo, Marx e Hegel, críticos do apriorismo metodológico, sentiram-se obrigados a escrever obras equivalentes ao "discurso do método", e é isso, decisivamente, que importa reter, configurando assim tanto a importância da *Fenomenologia do espírito*, para a obra Hegel, quanto dos *Grundrisse*, para a obra de Marx. É à luz dessa questão teórica de grande envergadura que se deve apreciar a leitura de Rosdolsky dos *Grundrisse*.

Hegel retomou a problemática do conhecimento na *Fenomenologia do espírito* dando-lhe um tratamento rigorosamente compatível com a sua dialética. Marx também fará incursão no campo metodológico da introdução geral aos *Grundrisse du Kritik du Politischen Okonomie*, obra escrita, entre 1857 e 1859, e publicada apenas em 1939 (MARX, 1969, 1989).

Publicado sintomaticamente em 1968, o livro de Rosdolsky, *Gênese e estrutura do "Capital" de Karl Marx*, é obra singular no campo das ciências humanas e sociais. De fato, nenhuma grande teoria desse campo do conhecimento mereceu de seus estudiosos uma *reconstituição* tão meticulosa quanto iluminadora. Se os *Grundrisse* representam o "laboratório teórico" de Marx, numa metáfora conhecida, o livro de Rosdolsky é o diário da vida do laboratório, o inventário dos métodos e procedimentos, do material e dos modos de fazer, dos protocolos de ação e síntese de resultados.

De fato, se Marx e Hegel se sentiram obrigados a ajustar contas com a tradição da teoria do conhecimento, superando-a, o livro de Rosdolsky diferencia-se em um sentido essencial daquelas grandes obras de Kojève e Jean Hippolite. Para Kojève e Hippolite, tratou-se de analisar uma obra acabada, redigida com rigor e forma necessários, como é a *Fenomenologia do espírito*. Para Rosdolsky, o que se pôs foi buscar respostas, concatenar, esclarecer, desvelar o que o texto de um rascunho só pode apresentar fragmentariamente, cifradamente, sem os cuidados que a "exposição" rigorosa exige.

Não é pequeno elogio o que se faz aqui à obra de Rosdolsky ao aproximá-la de *Gênese e estrutura* da *Fenomenologia do espírito de Hegel*, de Jean Hippolite, publicado em 1946 (HIPPOLITE, 1991), e à *A dialética do senhor e do escravo em Hegel*; *A Antropologia e o Ateísmo em Hegel*; *A dialética do real e a idéia da Morte em Hegel*, que reúnem o conteúdo dos cursos e conferências proferidas por Kojève na *Escola de Altos Estudos*, em Paris, entre 1933 e 1939, cursos que mobilizaram toda a inteligência francesa daquele tempo, de Sartre a Lacan (KOJÈVE, 1987, 1985, 1972).

Há ainda outra razão para valorizar com ênfase a obra de Rosdolsky. É que os *Grundrisse* contêm, em estágio de desenvolvimento preliminar, o essencial do projeto completo dos seis livros que Marx planejou escrever: o sobre capital; o sobre a propriedade da terra; o sobre o trabalho assalariado; o sobre Estado, o sobre comércio exterior; e o sobre o mercado mundial e as crises. Dos seis livros projetados, apenas os três primeiros foram publicados e, ainda assim, em estágios diferenciados de acabamento. De fato, os *Grundrisse*, na obra de Marx, prefiguram a *totalidade* da crítica da economia política, tal como esta pode aparecer em sua primeira presentificação, como totalidade, que, incluindo todos os elementos constitutivos do real, só pode apresentar, inicialmente, esses elementos num altíssimo grau de abstração, que é o modo necessário de exposição do real, que só pode se pôr, legitimamente, isto é, inteligivelmente, como ser que se desdobra, que se desenvolve pela extrinsecação de suas contradições, pela ação inescapável do negativo, "do que tudo nega, e com razão", como Goethe o surpreendeu na figura de Mefistófeles.

Assim, os *Grundrisse*, sendo exposição da totalidade, ainda não desdobrada, a única que Marx, efetivamente, concluiu, já que incompleto ficou *O capital*, contêm certos temas, certas discussões, certas questões que só foram discutidas por Marx nesse texto, questões como a historicidade da lei do valor, sobre o sentido do socialismo, que têm atualidade e relevância decisivas para a afirmação da insuperável pertinência do marxismo para o mundo contemporâneo.

É exatamente essa circunstância que explica a extraordinária contribuição representada pelos capítulos 28 e 29 do livro de Rosdolsky, que são, respectivamente: *O limite histórico da Lei do Valor; Observações de Marx sobre a ordem socialista*"; e *A reificação das categorias econômicas e a "verdadeira concepção do processo social de produção*". Neste sentido, o livro de Rosdolsky é um instrumento combativo e informado tanto para a denúncia e o desmascaramento do ignominioso do mundo contemporâneo quanto um convite para a construção das melhores promessas emancipatórias, *malgré tout*, que continuam a nos mobilizar.

Referências

BENJAMIN, César (Org.). *Marx e o Socialismo – 2006*. 2. ed. São Paulo: Expressão Popular, 2006.

DUSSELL, Enrique. *La producción teórica de Marx. Un comentario a los Grundrisse*. México: Siglo XXI, 1985.

HIPPOLITE, Jean. *Génesis y estructura de la fenomenología del Espíritu de Hegel*. 2. de. Trad. esp., Barcelona: Ediciones Península, 1991.

KOJÈVE, Alexandre. *La dialéctica del amo y del esclavo en Hegel*. Trad. esp., Buenos Aires: La Pléyade, 1987.

KOJÈVE, Alexandre. *La antropología y el ateísmo en Hegel*. Trad. esp. Buenos Aires: La Pléyade, 1985.

KOJÈVE, Alexandre. *La Dialéctica de lo Real y la idea de la muerte en Hegel.* Trad. esp., Buenos Aires: La Pléyade, 1972.

KOSIK, Karel. *Dialética do concreto.* Trad. port. 2. ed. Rio de Janeiro: Paz e Terra, 1976.

MANDEL, Ernest. *A formação do pensamento econômico de Karl Marx.* Trad. port., Rio de Janeiro: Zahar Editores, 1968.

MARX, Karl. *Introducción general a la crítica de la Economía Política/1857.* Trad. Esp., 6. ed. Buenos Aires: Cuadernos Pasado y Presente, n° 1, 1972.

MARX, Karl. *Fondements de la critique de l'Économie Politique.* Trad. Francesa. Paris: Éditions Anthropos, 1968.

MARX, Karl. *Elementos fundamentales para la Crítica de la Economía Política (Grundrisse) 1857-1858.* Trad. Esp., 3 vol., 16. ed. México/Espanha/Argentina/Colombia: Siglo XXI, Editores, 1989.

MARX, Karl; ENGELS, Friedrich. *Cartas sobre El Capital.* Trad. esp., Barcelona Editorial: Laia, 1977.

MARX, Karl. Glosas Marginales al "Tratado de economia politica de Adolph Wagner. In: DOBB, Maurice (Org.). *Estudios sobre El Capital.* Trad, esp. 2. ed. México: Siglo XXI, 1977.

MEHRAV, Perez. Social-democracia e austromarxismo. In: HOBSBAWM, Eric (Org.). *História do Marxismo.* v. 5. Trad. port. Paz e Terra: 1985.

MÜLLER, Marcos L. Exposição e Método Dialético em O Capital. In: *Boletim SEAF* n° 2, Belo Horizonte: SEAF, 1982.

PREOBRAZHENSKI, Evgeni. *La nueva económica.* Cuadernos de Pasado y Presente, n° 17 e 18. Trad. esp. Buenos Aires: 1968.

RABINBAH, Anson G. Roman Rosdolsky 1897-1967: An Introduction. In: *New German Critique*, n° 1, Autumn, 1974.

ROSDOLSKY. Roman. La Significación de "El Capital" para la Investigación Marxista Contemporânea. In: FAY, Victor (Org.). *Leyendo el Capital.* Trad. esp. Editorial Fundamentos, 1972.

ROSDOLSKY. Roman. A memoir of Auschwitz and Birkenau. In: *Monthly Review*, v. 3, n. 8, jan. 1988.

ROSDOLSKY. Roman. *Gênese e estrutura de O Capital de Karl Marx.* Trad. Port. Rio de Janeiro: EDUERJ/Contraponto, 2001.

RUBIN, Isaak. *Ensayos sobre la Teoria Marxista del Valor.* Trad. esp. Buenos Aires: Cuadernos de Pasado y Presente, n. 53, 1974.

O significado dos *Grundrisse* e a filosofia

Ester Vaisman

Participo hoje desta mesa não como especialista dos *Grundrisse* nem muito menos como especialista em Marx. Sou apenas uma estudiosa desse autor, que sempre julguei fundamental, mesmo nos momentos graves como os da atualidade, mesmo com todas as dificuldades que encontramos na Universidade para levar adiante pesquisa séria e fundamentada a respeito. Daí a importância deste colóquio. Como é de conhecimento de alguns, temos desenvolvido no Departamento de Filosofia, já há vários anos, pesquisa sobre a obra de Marx, que foi liderada pelo Prof. Chasin, falecido há 10 anos. Volto a sublinhar, não sem dificuldades de várias ordens. Dessa pesquisa de caráter coletivo, resultaram vários trabalhos de suma importância, a maioria voltados par a explicitação do tecido conceitual constituído ao longo dos anos da formação intelectual do pensador alemão. Interessante observar que os *Grundrisse* foram contemplados pelo menos por duas vezes: nas dissertações de Antonio José Lopes Alves e por Zaira Vieira (Cf. ALVES, 2002; VIEIRA, 2004), não obstante as polêmicas ainda travadas em torno desses rascunhos. Evidentemente, que a existência dessas pesquisas não se deu por acaso: os *Grundrisse* se nos apresentavam como uma adequada via de entrada para obra madura de Marx. Os motivos são de várias ordens, contudo, não disponho de espaço aqui para me debruçar detalhadamente sobre eles. No presente artigo, o objetivo principal é o de indicar algumas aproximações obtidas em debates travados nos encontros do grupo de pesquisa *Marxologia – Filosofia e Estudos Confluentes*, ligado ao Programa de Pós-Graduação em Filosofia da UFMG.

Desse enorme escrito, que abriu a fase madura do pensamento marxiano, temos as primeiras notícias através de duas cartas, ambas datadas de 1857, endereçadas a Engels, nas quais Marx faz referência a trabalhos que vinha desenvolvendo à época, e que deram origem ao conjunto dos manuscritos. Na primeira, de 13 de novembro de 1857, Marx dá a conhecer a Engels a motivação ao trabalho fornecida pelo momento histórico por ele identificado: "Ainda que eu esteja na ruína financeira, nunca desde 1849 eu me senti tão bem quanto face a esta crise." A crise a qual se refere Marx é aquela, de dimensões internacionais para a época, ocorrida em meados do mesmo ano. Dela encontramos ecos teóricos na abordagem feita por Marx da posição proudhoniana acerca do dinheiro, no caderno de mesmo nome, em especial, na sua crítica a Darimon. Na segunda carta, datada de 8 de dezembro de 1857, aparecem tanto a definição, sucinta, do trabalho teórico levado a efeito quanto o vocábulo que hoje designa os resultados obtidos nesse mesmo trabalho: "Eu trabalho como um louco a noite toda para fazer a síntese de meus estudos econômicos, a fim de terminar os *Grundrisse* (princípios, em alemão, também podendo significar o que está sob a superfície, etc.) antes do dilúvio."

Desta maneira, o texto marxiano do qual sinteticamente nos ocuparemos é definido pelo autor mesmo como síntese de seus estudos. Síntese esta que engata a fase madura de seu pensamento, no qual a crítica da economia política ganhará afinal um corpo definido, em *O capital*, com aquele momento teórico anterior, no qual sua elaboração se iniciara. A esse respeito, a referência de Marx a 1849, um ano após a derrocada das primeiras revoluções europeias do trabalho, não é mera coincidência. Assim, nos *Grundrisse* assistimos a primeira configuração da crítica da economia política em seu desenho final. Configuração esta que, por ser de natureza heurística e exploratória, esboço no qual o autor tenta clarificar a si a organização do próprio pensar, acresce uma dificuldade a mais àquela tributária de qualquer escavação temática da qual venha a ser objeto um texto científico-filosófico: não existe no texto uma organização convencional dada àquelas elaborações já destinadas à publicação. Por essa razão, muitas vezes os elementos categoriais afins ou interdeterminativos não estão sempre aglutinados num mesmo momento da exposição. Às vezes, esses elementos comparecem mais de uma vez, repetidos, no interior de novas preocupações temáticas, etc.

Nesse sentido, vale ressaltar que a natureza lacunar do texto, bem como as diversas desventuras específicas do evolver histórico, teórico e prático do marxismo, tornou-o desconhecido até meados do século XX.

Esse enorme esboço teórico que colocou pela primeira vez *au point* suas pesquisas acerca do ser da sociabilidade do capital, que se encontra mencionado (em especial, a Introdução de 1857) no conhecido Prefácio de 1859, somente encontra publicação a partir de 1939, dentro do esforço de tornar público a obra marxiana, empreendido pela primeira vez no Leste Europeu. Sendo que, apenas em 1956, esse conjunto de manuscritos foi editado sob sua forma atual. Essa casualidade histórica também esclarece, em parte, a inexistência de esforços de abordagens dos textos perspectivando problemáticas mais específicas. No mais das vezes, os *Grundrisse* foram objeto de trabalhos que isolavam partes e/ou temáticas umas das outras, tentando evidenciar certos aspectos abstratamente tomados. Nesse particular, destacam-se, em primeiro lugar, a tradução das *Formen* publicada por Eric Hobsbawn com o título, extremamente problemático, em razão de sua acepção teleológica, de formações econômicas pré-capitalistas, bem como os trabalhos de André Gorz, *Estratégia operária e neocapitalismo,* e de Herbert Marcuse, *A ideologia da sociedade industrial.* Tais esforços teóricos, muito embora tenham o mérito de trazer à tona esses manuscritos e de abordá-los fora dos estreitos limites da ciência econômica, não o fizeram sem problemas. Embora o espaço aqui não o permita, é necessário, mesmo que *en passant* indicar, pelo menos, alguns problemas. O primeiro, o caso da tradução das *Formen,* traz a inconveniente aproximação destes com aquilo que não são estudos de historiografia ou de filosofia da história. Pois, o que interessa a Marx é, ao traçar os aspectos distintivos entre as formas anteriores de sociabilidade e a do capital, indicar de modo as determinações fundamentais que fizeram emergir a forma societária capitalista e a individualidade a ela correspondente, e não tanto delimitar aquelas outras. A não compreensão disso deu azo, por exemplo, a toda uma discussão no interior da corrente Estruturalista, acerca do estatuto de realidade da categoria modo de produção, bem como, e especialmente, sobre o "modo de produção asiático", como o ilustram os trabalhos de Maurice Godelier. No segundo caso, não obstante se distanciem do economicismo, fazem-no introduzindo questões exteriores ao texto, tais como a crítica da tecnologia de talhe heideggeriano ou se aproximando de certa leitura freudiana. Ou seja, o que cumpre fazer como demanda ainda não satisfeita é a elaboração de estudos monográficos, a respeito das categorias que perfazem o pensamento marxiano e que se encontram nos *Grundrisse,* dos quais a dissertação de mestrado de Antônio José Lopes Alves (1999) foi apenas uma primeira colaboração, já complementada pela investigação quanto à relação entre atividade sensível e emancipação humana realizada por Zaira Vieira.

Os manuscritos se dividem em dois grandes capítulos, além de uma introdução e alguns anexos. Com relação à Introdução, conhecida como "de 1857", é importante indicar que Marx a deixou inacabada, por posteriormente considerar, segundo declarado no Prefácio de 1859, que qualquer antecipação de resultados poderia ser prejudicial ao rumo da investigação. No que tange aos anexos, eles se reportam seja à abordagem de temas afins da crítica marxiana da economia política, como a parte referente a Bastiat e Carey, últimos grandes representantes da corrente designada por Marx de "vulgar", seja a resumos e anotações de leitura de diversos autores da economia política.

O primeiro capítulo intitulado "O Capital como Dinheiro" se ocupa da forma dinheiro, visando elucidar e explicitar as suas principais determinações seja afastando por meio de uma análise crítica as concepções correntes a seu respeito entre os economistas, seja submetendo-a a um exame categorial. Exame este que se inicia com a polêmica a Darimon acima referida, e no curso de seu desenvolvimento revela a relação desta forma com o valor, com o capital, assim como expõe os três modos de existência do dinheiro, medida de valor, meio de troca e representante universal da riqueza. A analítica marxiana vai das relações recíprocas entre mercadoria e dinheiro, o dinheiro mesmo aparecendo como a realidade por si do valor da mercadoria, agora despido de qualquer limitador particular e concreto (do valor de uso, por exemplo), bem como os nexos entre o dinheiro e as determinações específicas das relações sociais do capital, até chegar ao circuito do dinheiro.

O segundo capítulo, intitulado "O Capital como Capital", dirige-se à exposição do capital como tal, acompanhando o curso de sua realização, pelas várias metamorfoses do valor. Indo do processo de produção, o qual aparece aqui como processo de valorização do capital, na seção um, até desaguar na transformação do sobrevalor – oriundo do processo de produção e da extorção de um sobre-tempo-de-trabalho – em lucro. Passando antes, na segunda seção, pelo processo de circulação do capital, pelo qual esse se realiza plenamente, retomando a figura dinheiro, não mais como meio de troca, mas como valor por si, expressão autônoma e objetiva do sobrevalor contido na forma de ser da mercadoria. Nesse passo há que se destacar a emergência da problemática do mercado mundial (*Weltmarkt*). Deste modo, produção, circulação, troca aparecem como momentos da totalidade do processo de vir-a-ser da riqueza social como capital, diversamente do que ocorria na economia política, quando no mais das vezes apareciam abordados na sua aparente exterioridade.

Assim sendo, ao contrário do que acontecerá em *O capital*, a crítica da economia política nos *Grundrisse* iniciar-se-á não pela análise da mercadoria, a "forma elementar" (*Elementarform*) da riqueza na sociabilidade capitalista, mas pela exposição da forma do capital em geral e do seu circuito, penetrados e destrinchados com base em uma analítica das formas e modos de ser. Capital em geral que, segundo Marx, "à diferença dos capitais particulares, aparece [*erscheint*] certamente, 1) somente como uma abstração [*nur als eine Abstraktion*]; mas não uma abstração arbitrária, mas uma abstração que carrega em si a *differentia specifica* do capital, em oposição a todas as outras formas da riqueza – aos modos de desenvolvimento da produção (social)". São determinações comuns a cada capital enquanto tal, ou, de cada soma determinada de valores, que perfazem um capital. Sendo as diferenças no interior dessa abstração, elas mesmas particularidades abstratas [*abstrakte Besonderheiten*], um tipo de capital característico. Mas, além disso, finaliza Marx,

> 2) o capital em geral, em oposição aos capitais particulares reais, é ele mesmo uma existência real [*reelle Existenz*]. Isso foi reconhecido pela economia tradicional, ainda que não tenha sido compreendido; e constitui um momento muito importante para sua teoria da equalização, etc. Por exemplo, sob essa forma universal [*dieser allgemeinem Form*], o capital, mesmo que pertença, sob a foram elementar como capital a um capitalista singular, constitui o capital que se acumula nos *banks* ou que é distribuído por eles, e que, como o disse Ricardo, se reparte admiravelmente tão proporcionalmente às necessidades da produção (MEW 42, p. 362-363).

Abstração razoável na forma do pensamento, por que abstração efetiva na forma da coisa, deste modo se define duplamente o estatuto de ser da categoria central dos *Grundrisse*. Longe de mero modelo cognitivo de aproximação, como veremos a seguir, a categoria marxiana, aqui o capital em geral, é ela mesma a aproximação conceitual, na medida em que reproduz no nível do saber, como exposição analítica no modo das particularidades abstratas e, depois, como articulação de determinações, a síntese efetiva de categorias que perfaz entes e processos em sua concretude e sua realidade, em seu ser atual, existente. Assim sendo, continua Marx, "se o universal é, portanto, de uma parte, apenas uma *differentia specifica* somente pensada (*nur gedachte differentia specifica*), é ele igualmente uma forma real particular (*eine besondere reelle Form*), ao lado das particularidades singulares" (MEW 42, p. 363).

Texto de uma riqueza impressionante de problemas e temas, o qual ultrapassa concretamente em muito a sua consideração como "rascunho de *O capital*". Os *Grundrisse*, não obstante guardem estreita relação com a forma acabada da crítica da economia política, apresentam elementos que não somente permitem reconstruir o itinerário de investigação que vai desaguar na redação da principal obra marxiana, na década seguinte, mas também facultam o reconhecimento de outros complexos temáticos e categoriais do pensamento de Marx.

Temas e categorias esses que iluminam não apenas o desenvolvimento da crítica do capital, conforme aparecida e publicada posteriormente, mas igualmente põe em evidência determinados problemas e/ou linhas de análise que, até em razão da interrupção da pesquisa pela morte de Marx, não conheceram ulterior desdobramento por parte de Marx. Ou foram mesmo aviltados ou totalmente ignorados pela "tradição marxista" na série de descaminhos que acometeram a história das "leituras" da obras marxiana e da invenção dos "diversos Marx" pelas várias correntes teóricas que se pretenderam afiliadas ou opostas ao legado teórico marxiano. Entre esses, podemos citar a questão da individualidade, do desenvolvimento das forças produtivas e das ciências, do caráter social da atividade e da produção, o estatuto de ser das relações sociais e da sociabilidade, etc. Todos os temas que somente podem ser devidamente abordados e dimensionados sob a condição do entendimento do que Chasin denominou de "estatuto ontológico", a fim de que não sejam tratados de modo unilateral, como problemas sociológicos ou psicológicos, ou à moda da filosofia predominante.

O papel da sociabilidade

Um dos pontos a destacar como resultado desta pesquisa, ainda em andamento, diz respeito à importância ou ao papel da sociabilidade. Desse modo, a categoria trabalho – tema presente nos *Grundrisse* de forma evidente – apresenta-se, para Marx, sobretudo, como relação social; vale dizer, a categoria trabalho implica as relações efetivas que os indivíduos estabelecem entre si e entre eles e seu mundo, a partir do intercâmbio orgânico com a natureza. Em relação a esse importantíssimo ponto, vale aduzir que a sociabilidade é posta, sobretudo na modernidade, pelo próprio trabalho, tornando-se, portanto, indissociável deste último. Por via de consequência, as categorias econômicas em Marx não são categorias unilaterais ou conceitos abstratos que dizem respeito apenas a um aspecto específico ou restrito da sociabilidade, isto é, cindido, separado, apartado em relação aos demais. Trata-se de categorias que, historicamente engendradas, refletem relações sociais de produção nas quais tal cisão evidentemente inexiste, a não ser na imaginação. Mas, se assim o é, o mérito de Marx consiste precisamente em tê-las apreendido como tais. Pois, não apenas os economistas clássicos e os socialistas que ele criticara demonstraram-se incapazes de tal reconhecimento, mas também como é sabido, diversos autores contemporâneos.

Assim, o papel conferido à sociabilidade aparece nos rascunhos sob a forma da determinação social do pensamento, conquista teórica de Marx obtida por meio da lida crítica com a filosofia especulativa. Na passagem a seguir:

> Não apenas, pois, a igualdade e a liberdade são respeitadas, na troca que repousa sobre valores de troca, mas a troca de valores de troca é a base real que produz toda *igualdade* e toda *liberdade*. Enquanto idéias puras, elas são apenas expressões idealizadas daquela; enquanto se desenvolvem em relações jurídicas, políticas e sociais, elas são apenas esta base elevada a uma outra potência (MARX, 1980, tomo I, p. 185).

Igualdade e liberdade, expressões que assumem, na modernidade, uma conotação eminentemente política são, como tais, expressões das relações concretas que as engendram. Quando discute os pressupostos com base nos quais se formam as noções de liberdade e igualdade, Marx se expressa, assim, mais uma vez acerca do lugar genético das formações ideais. Pois,

> [...] a abstração ou idéia não é senão a expressão teórica destas relações materiais que [no capital] são mestres dos indivíduos. Relações, naturalmente, só podem exprimir-se em idéias e é assim que filósofos conceberam a dominação por idéias como sendo o caráter específico dos tempos modernos e identificaram o estabelecimento da individualidade livre com a subversão desta dominação pelas idéias (MARX, 1980, tomo I, p. 100).

A igualdade ou equivalência é desvelada, por Marx, como um dos fundamentos concretos – embora determinado, sobrepujado, pela sua antítese direta – de uma forma social da produção que coloca os indivíduos entre eles, bem como suas objetivações, como indivíduos e objetivações equivalentes entre si, de igual valor. Ele não a toma, portanto, como mera "ideologia", no sentido pejorativo do termo – que deixaria de existir a partir do momento em que se deixasse de, nela, acreditar ou que seria abalada por mudanças na ordem da distribuição da riqueza no capital. Trata-se, porém, de um aspecto efetivo da organização social que também é transposto para o plano igualmente real das ideias. Igualmente real, muito embora desigualmente determinante e coercitivo, como fica claro na passagem em questão.

Da mesma forma, Marx entende o campo da liberdade como relações mais ou menos livres dos indivíduos ante as determinações naturais e os obstáculos concretos postos em sua atividade sensível, bem como em relação aos limites sociais impostos a esta última. O campo matrizador da autonomia dos indivíduos ou da maior ou menor negação dessa não é senão o campo em que tais relações se estabelecem e objetivam. Como é evidente, liberdade não significa, aqui, independência ou oposição em relação à materialidade ou natureza "externa", mas é, ao contrário, liberdade real precisamente na relação com ela. Pois, é em e através de sua atividade que os indivíduos sociais se desenvolvem, no conjunto de suas determinações objetivas e subjetivas, na qualidade de seres efetivos, capazes ou não de realizarem os próprios fins.

O complexo categorial das forças produtivas

Outro ponto a mencionar e que continua a promover certos "mal-entendidos" diz respeito ao complexo categorial das forças produtivas. Para o autor dos *Grundrisse*, a liberação das forças produtivas dos indivíduos em relação às formas de produção que as aprisionava no interior de uma reprodução dada das relações foi precisamente aquilo que possibilitou o avanço do modo de produção moderno. Assim é que as forças produtivas:

> Em todas as suas formas, aparece como figura reificada – seja como coisa ou como relação mediatizada pela coisa que se encontra fora do indivíduo e, por acaso, ao lado dele. É assim que a opinião antiga, segundo a qual o homem aparece sempre como a finalidade da produção – qualquer que seja o caráter limitado de suas determinações nacionais, religiosas, políticas – parece muito elevada frente ao mundo moderno, no qual a produção é que aparece como finalidade do homem e a riqueza, como finalidade da produção. Mas, na verdade, uma vez desaparecida a forma burguesa limitada, o que é a riqueza senão a universalidade das necessidades, das capacidades, dos gozos, das forças produtivas dos indivíduos – universalidade engendrada na troca universal? Senão o pleno desenvolvimento da dominação humana sobre as forças da natureza [...]? Senão a elaboração absoluta de suas aptidões criadoras, sem outro pressuposto que não o desenvolvimento histórico anterior [...] (Marx, 1980, tomo I, p. 100).

Graças à alienação de toda essa objetivação universal dos indivíduos, o "infantil mundo antigo aparece, por um lado, como superior. Por outro, ele o é efetivamente em todos os domínios em que se busque uma figura, uma forma, fechada e uma delimitação acabada. O mundo antigo é satisfatório se se atém a um ponto de vista limitado; enquanto que, tudo o que é moderno, deixa insatisfeito ou, ali onde aparece satisfeito consigo mesmo, é vulgar" (Marx, 1980, tomo I, p. 425). Não há fórmula verbal mais adequada que essa para expressar concretamente a diferença de base entre o modo de vida sob o signo do capital e aquelas sociedades que desconheceram essa forma específica de produção.

Em outras palavras, com relação à categoria marxiana de Forças Produtivas, cabe salientar que essa não se refere tão somente à tecnologia como, habitual e fetichisticamente, aparece tematizado nas várias abordagens da obra de Marx, mas abrange um conjunto maior de elementos que definem a forma especificamente humana de relação e apropriação de mundo. Tal conceito inclui todas as potências humanas de objetivação e produção da mundaneidade humana e dos próprios indivíduos. Pertencem a esse complexo categorial também as potências intelectuais, o modo da atividade e da colaboração, bem como o desenvolvimento científico. Na teoria marxiana, as forças produtivas não são qualificadas de "capitalistas" ou socialistas, mas assumem esta ou aquela forma social objetiva e histórica particular. Ao que, evidentemente, elas não passam imunes e ilesas. Basta lembrar a argumentação marxiana acerca da maquinaria nos *Grundrisse* e em *O capital*. Em segundo lugar, mesmo nessas ocasiões, em que o desenvolvimento das forças produtivas do trabalho social (esse é o nome completo do complexo conceitual) aparece tematizado com relação ao modo histórico-social de relações de produção do capital, apropriadas por este último na forma do capital fixo, Marx nunca deixa de apontar o fato de que o progresso e o incremento do saber em geral, das ciências particulares e da aplicação tecnológica dessas, acaba por configurarem-se em algo que, virtualmente, tendencialmente, supera os estreitos limites em que são confinados pelo capital. É central ter em mente a questão de quanto o desenvolvimento científico-tecnológico, e o da própria atividade (do preparo para o trabalho aos modos diversificados de cooperação produtiva) que ele enseja e exige, não obstante em nome das necessidades de acumulação do capital, no sentido de romper com a forma da medida, o valor-trabalho, que vige como regulador (não equilibrador) da produção e do intercâmbio sociais. Assim, ainda que o desenvolvimento tecnológico seja impulsionado pelas várias rodadas de acumulação/reprodução do capital, e tome a forma de ser histórica do capital, aquele acaba por engendrar necessidades e possibilidades societárias (tanto no nível da produção quanto no da interação em geral) que, tendencialmente, podem vir a por em xeque a regra vigente do capital. Não se trata, evidentemente, de fatalidade histórica, de uma escatologia ou de uma teodiceia humana, mas de um conjunto de possibilidades, virtualidades, postas objetivamente no horizonte humano.

Nesse sentido, a discussão da propriedade não se resume à querela dum direito legal de posse, mas da forma social que o desenvolvimento assume, ditado seja pelas necessidades de valorização do capital, seja pelo progresso da própria atividade e dos seus sujeitos, os indivíduos sociais vivos e ativos. A forma social não apenas marca ou demarca a existência efetiva de produtos e atividades, mas fornece, por assim dizer, seu norte. Deste modo, é pertinente colocar, de maneira prospectiva, no âmbito de um novo conjunto de relações sociais, posto não mais pelo valor, mas pela interatividade livre dos indivíduos sociais, se determinadas técnicas ou produtos viriam a ser criados. Bem como o tema acerca de uma relação racional, ou ao menos razoável, com a própria natureza. Sendo assim, já se torna possível indicar pelo menos um elo de continuidade, nos *Grundrisse,* e o pensamento de

Marx, expresso em suas obras anteriores, no que diz respeito especificamente à forma peculiar de apreensão das determinações concretas da vida humano-societária. É bom frisar, no entanto, que não se desconhecem aqui as importantes reformulações ocorridas na trajetória intelectual marxiana, principalmente, ao longo da década de 50, no fim da qual os *Grundrisse* foram escritos. O que se pretende é, ao revés, chamar a atenção para certas conquistas teóricas alcançadas por Marx em seu período formativo e que se tornaram pilares para seu desenvolvimento ulterior.

A cientificidade

O pensamento de Marx, como demonstrara J. Chasin, possui um caráter "onto-prático" ou, em outros termos, um estatuto ontológico na medida em que busca apreender o concreto em suas determinações constitutivas e em sua dinâmica ativa própria, tomando-o como existência social efetiva autônoma, independente, em relação ao pensamento. Daí porque, embora reconheça, na efetividade do capital, as condições necessárias da própria superação, Marx refere a produção e apropriação coletivas como uma possibilidade a ser efetivada ou não (MARX, 1980, tomo I, p. 109-110).

Em Marx, só se apreende realmente um objeto de conhecimento – no caso, as relações sociais de produção – quando se o toma em sua efetividade. As determinações gerais ou universais servem

> [...] para nos evitar a repetição. [...] Mas, se é verdade que as línguas mais evoluídas têm em comum com as menos evoluídas certas leis e determinações, o que as diferencia destes caracteres gerais e comuns é que precisamente constitui sua evolução. Também, é preciso distinguir as determinações que valem para a produção em geral, para que a unidade [...] não faça esquecer a *diferença essencial* (MARX, 1980, tomo I, p. 19, grifos nossos).

A forma de apreensão teórica pela qual prima Marx não é aquela que reconhece, "por toda parte, as determinações do conceito lógico, mas que apreende a lógica específica do objeto específico", que "não se limita a indicar as contradições existentes, mas as *esclarece*, compreende sua gênese, sua necessidade. Apreende-as em seu significado *próprio*" (MARX *apud* CHASIN, 1995, p. 376). Forma de apreensão, esta, que, segundo Chasin, toma – no reconhecimento ideal de sua constituição – o ser social por ele mesmo, em seus complexos constituintes, e não como exemplar de cada um de seus momentos constituídos como formas autônomas pela idealidade que se autossustenta.

Tal estatuto ou patamar de cientificidade não é alterado na obra marxiana madura em questão. Ao contrário, é com base nele que pode Marx afirmar, por outro lado, que

> [...] os indivíduos desenvolvidos universalmente [...] não são produtos da natureza, mas da história. O grau e a universalidade do desenvolvimento das capacidades, no seio das quais *esta* individualidade torna-se possível, pressupõem justamente a produção sobre a base dos valores de troca; produção, esta, que começa por produzir, com a universalidade, a alienação do indivíduo em relação a si mesmo e aos outros, mas que produz, também, a universalidade e o caráter multilateral [*Allgemeinheit und Allseitigkeit*] de suas relações e aptidões (MARX, 1980, tomo I, p. 98).

Os apontamentos de Marx resultam, portanto, não de um conhecimento parametrado, conduzido, por um método – entendido como construção *a priori* do intelecto –, mas de uma forma de apreensão intelectiva instaurada já com o rompimento juvenil em relação a Hegel. Forma de apreensão em que o conhecimento é construção que se viabiliza em seu fazer efetivo. Fazer este, sim, que possibilita a Marx extrair considerações a seu respeito, que se encontram na afamada *Introdução de 1857*. Em outros termos, o entendimento marxiano a respeito do procedimento analítico correto, longe de se configurar num método que orienta o conhecimento por parâmetros ou medidas preestabelecidas, anteriores e externas ao próprio objeto investigado, é um entendimento que, ao contrário, resulta do caminho percorrido.

As categorias as mais abstratas pressupõem, aí, sempre, determinações mais concretas. Concretude da qual Marx não se afasta em nenhum momento de seu proceder – nem quando dela extrai suas relações mais gerais e abstratas nem quando realiza esse movimento no sentido de volta, isto é, quando realiza efetivamente o procedimento considerado, por ele, correto; pois,

> [...] no primeiro passo, a plenitude da representação foi volatilizada em uma determinação abstrata, no segundo, são as determinações abstratas que conduzem à reprodução do concreto no curso do caminhar do pensamento. É por isto que Hegel caiu na ilusão que consiste em conceber o real como resultado do pensamento que se reúne em si, se aprofunda em si, se move a partir de si mesmo; enquanto o método que consiste em se elevar do abstrato ao concreto é apenas a maneira que o pensamento tem de se apropriar do concreto, de reproduzi-lo enquanto concreto do espírito, mas não é, de forma alguma, o processo de gênese do próprio concreto (MARX, 1980, tomo I, p. 35).

É nesse sentido que Marx afirma, na *Introdução de 1857*, na parte intitulada "Método da Economia Política", quando observa que há que partir do concreto, mas não deste na forma imediata, que permite, quando muito, uma visão caótica do todo, mas a partir da marcha das abstrações e sucessivas concreções, percorrer o caminho de volta, ou nos termos de *O capital, zurückkehren,* "retroceder" ou "voltar de novo". Assim a análise se desdobra na configuração de momentos que adensam categorialmente o objeto, a mercadoria, partindo-se exatamente da suas formas de aparição, do *concretum* imediatamente dado, aqui, a empiricidade das trocas, a multiplicidade e multilateralidade do intercâmbio. A seguir, tem-se um punhado de categorias ou formas de ser, como determinações do existente, isoladas por abstração, para, finalmente, voltar-se àquele concreto anterior. Não mais como *concretum* imediatamente dado, o que equivaleria proceder positiviscamente ou por mero empirismo, como reunir de manchas sensório-pragmáticas, mas como reprodução do concreto em suas determinações. Concreto como momento de concreção das categorias, o empírico vazado pela analítica de suas formas de ser e o desdobramento das próprias formas em categorias cada vez menos abstratas e mais particularizadas, automediação da analítica. O qual fornece o metro e delimita o alcance de cada forma abstrata extraída do complexo, indicando a articulação das categorias. Articulação das categorias num todo que expresse intelectual e teoricamente a rica totalidade do concreto objetivamente existente, e não posta por uma série de procedimentos metódica ou logicamente encadeados. Ademais, ao se examinar as relações entre as categorias mais simples e as mais concretas, por exemplo o dinheiro, mostra que o simples encadeamento lógico não é suficiente, ou seja, não há caminho lógico ou mesmo preestabelecido. Em suma, a categoria trabalho na forma de categoria simples é um resultado histórico.

O que a crítica marxiana da economia política exercita, no fundo, mesmo em sua versão acabada em *O capital,* é o roteiro de apreensão do concreto, do sujeito real, para além de suas determinações mais imediatas. É ao *Konkretum* que se dirige o exame que busca arrancar, desentranhar, trazer à tona (*ergrunden*) a determinação essencial que faz dos produtos hieróglifos sociais. Aspecto determinante que, como relação social, tende a reproduzir-se pelos atos que constituem as fases de sua produção e circulação, afirmando-se na figura final, e ao mesmo tempo pressuposta, de princípio da própria atividade produtiva, o capital. Marx parte desse modo do concreto, do efetivamente existente, das mercadorias em suas trocas, do que nos convoca a uma *representação caótica do todo,* separando dele sua unidade abstrata, a mercadoria particular e individual. Não se trata de uma reedição do hegelianismo, como, aliás, o próprio Marx (1980, tomo I, p. 35-36) adverte, pois, o concreto da intuição e da representação, imediatamente existente, já é um conjunto articulado de formas, uma *síntese de determinações.* A síntese não é, primariamente, uma posição da racionalidade ao *modus* da cientificidade; ao contrário, é o caráter preciso de entes e processos, os quais antes de tudo existem objetivamente e perduram no seu existir. Entes e processos são – na medida em que continuem sendo – articulações categoriais. Conjunto determinativo que a cabeça humana confronta e pretende reproduzir à sua forma, como síntese pensada. Daí arranca o esforço de apropriação intelectiva de formas de ser como analítica, separação, extrusão de abstrações. Retirada e separação de aspectos visando à distinção mútua desses em determinantes e determinados. Como toda operação de extração, o instrumento extrusor, no caso a cabeça humana, deve ser modulada pela matéria a ser obtida, no sentido de não degradá-la ou torná-la figura simplesmente toldada *à moda* da cabeça. É nesse passo que impõe o critério da razoabilidade das categorias abstratamente configuradas, tanto como conceitos quanto como elementos isolados. Novamente, o todo da mercadoria é que deve dar a cartada decisiva, e não a aposta epistêmica. Não é um exercício de fundamentação, mas de desvelamento, de revelação, de determinações constituintes da forma de ser mercadoria – valor de uso, valor, trabalho concreto, trabalho abstrato. As quais precisam ser articuladas como reprodução teórica da mercadoria, mediante a articulação recíproca dessas.

Não é o esforço de juntar os cacos de uma antiga totalidade fraturada pelo exercício da abstração, é antes de reconstituir o modo preciso no qual cada uma das formas arrancadas se interligam, determinam-se e perfazem a mercadoria como entificação concreta. Articular é, pois, determinar, ou melhor, no espírito marxiano, expor determinações. A reciprocidade do todo das categorias não exime; ao revés, exige a posição de uma articulação determinada. Reciprocidade não é indeterminação. Determinação que se faz mediante a exposição analítica das formas do valor no seu desenvolvimento por via simples e desdobrada. Processo científico no qual a concreção das próprias abstrações é momento obrigatório, na medida em que as põe na totalidade realmente existente como relação de valor recíproca das múltiplas mercadorias, e não mais na sua forma mais simples e abstrata, de uma a outra mercadoria. O momento configurado desse modo corresponde ao reencontro com o *Konkretum die Waren*. Aqui aparece o concreto como totalidade articulada de determinações que supera o empiricamente constatável, não no sentido de aboli-lo ou negá-lo como ilusão, mas esclarecendo-o, iluminando-o, fazendo emergir sua ordem de determinações inerente e própria. Tornando, pois, evidente o seu ser que jaz no seu existir. Marx jamais abandona o princípio filosófico de que o ser está sempre junto do que é, como determinação ou conjunto de categorias, tecido que é inerente e configura a processos e entes em sua objetividade. Os objetos da intuição e da representação reaparecem agora como todo articulado no pensamento, reprodução teórica do processo efetivo em suas determinações diferentes e, até, divergentes.

Torna-se necessário novamente afirmar que, em momento algum da análise do valor, as categorias deixam de ter contextura efetiva. Continuam sendo no âmbito da teoria, não obstante a alteração de registro, o que são fora da cabeça, *Daseinsformen*, formas de ser, agora integrantes da reprodução mental do processo de entificação do qual são determinações. As categorias como *Gendankenformen* não são as categorias cientificamente articuladas, delimitadas marxianamente como determinações da efetividade, no *corpus* conceitual da crítica da economia política, mas sim as da própria economia política. Estas têm evidentemente validade objetiva, na medida em que possibilitam o mover-se dos agentes. Mas o alcance dessa legitimidade é de natureza pragmática, não teórica. Corresponde especularmente às determinações essenciais da forma social da produção, a qual é *zurückspiegelt* pelo ir e vir recíproco das mercadorias. A existência das categorias *in mente* nas *personæ* do capital é, pois, aquelas formas "refletidas no cérebro dos produtores privados", formas como o dinheiro que *concretamente vela* [*sachlich verschleiert*], ao invés de *revelar* [*zu offenbaren*] o caráter social da interatividade.

Referências

ALVES, A. J. L. A Individualidade Moderna nos Grundrisse. In: *Ensaios Ad Hominem*, nº 1, tomo IV, São Paulo: Estudos e Edições Ad Hominem/Ijuí: Editora Ijuí, 2002, p.255-307.

ALVES, A.J.L. *A individualidade nos Grundrisse*. Faculdade de Filosofia e Ciências Humanas, UFMG, 1999. (Dissertação de Mestrado em Filosofia).

MARX, K. *Manuscrits de 1857-1858 (Grundrisse)*, Paris: Éditions Sociales,1980, tomo I, p. 185.

MARX, K. *Manuscrits de 1857-1858 (Grundrisse)*, Paris: Éditions Sociales,1980, tomo I, p. 100.

MARX, K. *Manuscrits de 1857-1858 (Grundrisse)*, Paris: Éditions Sociales,1980, tomo I, p. 100.

MARX, K. *Manuscrits de 1857-1858 (Grundrisse)*, Paris: Éditions Sociales,1980, tomo I, p. 425.

MARX, K. *Manuscrits de 1857-1858 (Grundrisse)*, Paris: Éditions Sociales,1980, tomo I, p. 109 -110.

MARX, K. *Manuscrits de 1857-1858 (Grundrisse)*, Paris: Éditions Sociales,1980, tomo I, p. 19.

MARX, K. (*Crítica à Filosofia do Direito de Hegel*) *apud* CHASIN, J., Estatuto Ontológico e Resolução Metodológica. In: *Pensando com Marx*, São Paulo: Editora Ensaio, 1995, p. 376.

MARX, K. *Manuscrits de 1857-1858 (Grundrisse)*, tomo I, p. 98

MARX, K. *Manuscrits de 1857-1858 (Grundrisse)*, tomo I, p. 35.

MARX, K. *Manuscrits de 1857-1858 (Grundrisse)*, tomo I, p. 35-36.

VIEIRA, Z.R. *Atividade Sensível e Emancipação Humana nos Grundrisse de Karl Marx*, Dissertação (Mestrado em Filosofia) - Faculdade de Filosofia e Ciências Humanas da Universidade Federal de Minas Gerais, Belo Horizonte, 2004.

PARTE II

ENSAIO GERAL DA
CRÍTICA DA ECONOMIA POLÍTICA

A "introdução" dos *Grundrisse*

João Antonio de Paula

Não são muitas as tentativas de leitura circunstanciada, passo a passo, e compreensiva da "*Introdução*" dos *Grundrisse*.[1] Parte desse relativo descuramento deve-se ao explícito repúdio de Marx ao texto, quando, no Prefácio à *Contribuição à crítica da Economia Política*, de 1859, diz que estava prescindindo de uma introdução geral – "pois, bem pensada a coisa, creio que adiantar resultados que terão que ser demonstrados, seria, de fato, um estorvo, restando ao leitor que quiser seguir-me estar disposto a remontar do particular ao geral" (MARX, 1972, p. 34).

Outras circunstâncias terão pesado também para que a *Introdução* tenha sido pouco estudada, apesar de estar disponível desde 1903, quando foi publicada por Kautsky. Entre essas circunstâncias, está o fato de o texto ter ficado incompleto, com passagens importantes expressas de modo quase telegráfico, além do considerável grau de dificuldade, que oferece sua inteira e plena compreensão, sobretudo em sua última parte, quando Marx apenas indicou, à moda de um roteiro-índice, temas que pretendia retomar sistematicamente depois, o que acabou não sendo feito.

É possível que essas circunstâncias, sobretudo a explícita negativa de Marx em validar ou concluir a *Introdução*, justifiquem o pouco que se fez, no sentido de sua efetiva elucidação.

Nesse texto, assume-se posição diversa em dois aspectos básicos: 1) no sentido em que se valoriza o contido na *Introdução* como momento importante, e sob certos aspectos insubstituível, de explicitação do método especificamente marxiano de elaboração da crítica da economia política; 2) no sentido em que se crê possível uma leitura compreensiva, isto é, sistemática e abrangente do conjunto da *Introdução*, reconstituindo tanto a trama conceitual do texto quanto os, nem sempre explícitos, muitos diálogos e referências, que estão na base de sua estrutura expositiva.

---

[1] Uma leitura sistemática relativamente recente, 1988, da "*Introdução*" dos *Grundrisse* está em *Marx's Grundrisse and Hegel Logic*, de Hiroshi Uchida, que busca mostrar a correspondência entre a "*Introdução*" e "A Doutrina do Conceito" da *Ciência da Lógica*, de Hegel; enquanto o capítulo sobre a moeda, dos *Grundrisse*, teria correspondência com "A Doutrina do Ser"; da *Ciência da Lógica*; finalmente, o capítulo sobre o Capital, dos *Grundrisse*, estaria relacionando à "Doutrina da Essência", da *Ciência da Lógica*. Disponível em: <http://www.marxists.org/subject/japan/uchida/index.htm>.

Este último aspecto é ainda mais agravado quando se sabe que tanto a *Introdução* quanto os *Grundrisse* como um todo não foram escritos visando à publicação senão que para "esclarecimento de minhas próprias idéias", sendo que "a elaboração sistemática de todos estes materiais, segundo o plano estabelecido, dependerá de circunstâncias externas" (MARX, 1972, p. 34).

Insista-se ainda, preliminarmente, que não é o caso de se tomar como absoluta a recusa de Marx em elaborar uma introdução à sua crítica da economia política. De fato, se Marx diz, em 1859, que havia prescindido da Introdução, no trecho já citado do Prefácio à *Contribuição à crítica da economia política*, também é certo que esse mesmo Prefácio contém, ao lado de reconstituição sintética do itinerário intelectual de Marx, um resumo da *Introdução*, que estaria sendo abandonada, sendo um decisivo registro de princípios metodológicos estruturantes do projeto marxiano, sob a forma tanto da centralidade das determinações materiais da vida social quanto do conceito de modo de produção. Isto é, Marx não abandonou a necessidade de uma "Introdução Metodológica", à sua crítica da economia política, senão que a sumarizou, e ela está efetivamente incluída no *Prefácio*, tanto na decisiva discussão sobre as determinações materiais da existência, vale dizer sobre o *modo de produção*, quanto na apresentação da sequência dos seis livros, que comporiam a totalidade da crítica da economia política.

Marx recusou-se em dar sequência, em concluir a *Introdução*, em motivação semelhante à de Hegel, que, no Prefácio de *A fenomenologia do espírito*, escreveu:

> Uma explicação, dessas que se costumam antepor a uma obra qualquer num Prefácio – seja sobre o fim que o autor nela se propôs, seja sobre as circunstâncias ou a relação que ele crê descobrir entre sua obra e outras, anteriores ou contemporâneas que tratem do mesmo assunto –, parece, no caso de um escrito filosófico, não somente supérfluo, mas, em razão da matéria a ser tratada, até inconveniente e oposta à finalidade almejada [...] a filosofia reside essencialmente no elemento da universalidade, que contém em si o particular, nela mais do que nas outras ciências parece que a coisa mesmo, e justamente na perfeição de sua essência, deveria exprimir-se no fim e nos resultados finais (HEGEL, 1974, p. 11).

O paradoxal nesse caso é que esse Prefácio, escrito depois de redigida *A fenomenologia do espírito*, sobre o qual Hegel lança suspeitas de inconveniência, que deveria, então, ser suprimido, não só foi mantido, mas representa, segundo a opinião de considerados especialistas em Hegel, como o padre Henrique Cláudio de Lima Vaz, "uma grandiosa introdução ao *Sistema da Ciência* que Hegel projetava publicar na época, e do qual a Fenomenologia seria justamente a primeira parte..." (VAZ, 1974, p. 11).

Invoque-se esse episódio, para afirmar uma analogia importante. Devidamente considerada, isto é, reconhecida em suas limitações e incompletude, a *Introdução* dos *Grundrisse* tem lugar equivalente ao Prefácio da *Fenomenologia* na obra de Hegel, no sentido de ser a primeira abrangente, ainda que provisória, *apresentação*, do ponto de vista metodológico, do andamento conceitual da crítica da economia política, como processo de *superação* da economia política, desde seu nascimento, no final do século XVII.

É de se considerar com cuidado, que tanto no caso de Hegel, e o lugar da *Fenomenologia* em sua obra, quanto no caso de Marx, e o lugar correspondente dos *Grundrisse*, não há propósito em afirmar a superioridade desses livros na obra dos dois autores. De fato, seria uma impropriedade ver equivalência estrita entre os dois livros, nas obras de seus autores, bem como, mais decisivo, ver equivalência substantiva entre os dois livros, já que um nem mesmo foi escrito com vistas à publicação.

Apesar disso, não se subestime o significado daqueles livros, posto que representam, cada qual a seu modo, uma primeira totalização de projetos intelectuais de grande envergadura. Que esses projetos tenham sido retomados e requalificados adiante, não retira, de suas primeiras apresentações de conjunto, seus decisivos méritos, e mesmo deve ser ressaltado o que neles é único, que é certa convocação do que está além do sistemático: que, no caso da *Fenomenologia,* a aproxima da grande tradição narrativa da cultura ocidental, das epopeias homéricas ao "romance de formação" (KOSIK, 1976, p. 165-166); e que, no caso dos *Grundrisse*, o lança como instrumento crítico ao mais alto que tinha atingido a cultura burguesa nos campos da filosofia, da economia política e da literatura.

De resto, diga-se que Marx, que havia dito prescindir de uma introdução "metodológica", em 1857, volta a mencionar a necessidade de "uma introdução dessa natureza" nos manuscritos de 1863 (ROSDOLSKY, 2001, p. 481).

O problema da impossibilidade de uma "introdução metodológica" a um objeto que só se deixa apreender pela explicitação do conjunto de seus conteúdos aparece também no referente à uma introdução à *Lógica* de Hegel. Diz Hartmann:

> Este é o motivo que torna impossível uma introdução propriamente dita à *Lógica* de Hegel. Não há maneira alguma de indicar de antemão o que nela acontece realmente. Teremos que introduzir-nos imediatamente na própria coisa, no meio do fluxo da dialética; e como, ao sermos arrastados por ela, estaremos privados de pontos de apoio – de indícios externos por serem exteriores e de internos porque a dialética os absorve – encontramo-nos no

princípio imersos num torvelinho e como que atacados de cegueira. Esta impressão não cessará até começarmos a ver no interior da estruturas que emergem dele, e até seguirmos o ritmo peculiar de seu ir e vir como uma ordem legal sui generis. Ao experimentar esta mutação, realizaremos no próprio pensar o movimento da lógica e mesmo ter-se-á convertido em pensamento dialético (HARTMANN, 1983, p. 446).

Considerada essa exigência, que Marx também a fez, é possível pensar a *Introdução* como uma espécie de balanço crítico dos modos mais avançados como o pensamento burguês buscou apreender a sociedade, que resultaram em efetivos ganhos de conhecimento sobre o mundo, como são as obras de Petty, Boisguillebert, Steuart, Smith, Ricardo, Rousseau, Hegel, que, apesar de ponderáveis, devem ser "superadas", "suprassumidas" pela operação de um princípio-sintetizado no verbo alemão "aufheben" ("suprassumir"), que remete às noções de *levantar, sustentar, erguer,* anular, abolir, destruir, revogar, cancelar, suspender, conservar, poupar, preservar" (INWOOD, 1997, p. 302). O que, enfim, permite que se leia o conceito de "superação", de "suprassunção" como uma operação que, "agarrando" o conceito, o que é aqui uma redundância significativa, o retira de seus gonzos, expurgando dele o que nele ser *revogado,* ao mesmo que se lhe *conservam* seus melhores atributos, do que resultará, de fato, sua *elevação,* seu *soerguimento* como enriquecido pela reflexividade.

O procedimento analítico que será adotado aqui não ignora os condicionamentos postos pela exigência, legítima, para quem, de algum modo, pretende trabalhar no campo da história, que é a busca da interdição do anacronismo.

Com efeito, o que se vai buscar aqui é a reconstituição do andamento expositivo de Marx pela explicitação da trama dialógica, que organiza todo o texto e que, nem sempre, é explicitamente reportada por Marx. Na verdade, cada uma das quatro partes de que é composta a *Introdução* dos *Grundrisse* é organizada segundo uma estrutura expositiva que, à semelhança de certas composições polifônicas, tem um tema central, sob a forma de um dueto, em que a voz de Marx apresenta e desafia o seu contendor, seguindo-se a intervenção de outras vozes e temas, em contraponto, sem que o tema central se dissipe.

A redação da *Introdução* teve início em 23 de agosto de 1857 e prolongou-se até meados de setembro daquele ano, ficando inconclusa, o que se manifesta de diversos modos no texto a começar pela numeração de suas partes. O texto é aberto com o número I, seguido das palavras Produção, Consumo, Distribuição, Troca (circulação). É de se supor que Marx planejasse escrever um item II, III, etc., o que não foi feito. Desse modo, este item I [Produção,

Consumo, Distribuição, Troca (circulação)] remete, direta e imediatamente, à economia política, em particular ao texto hegemônico, então, dessa tradição, que é o livro de John Stuart Mill – *Princípios de Economia Política*, cuja primeira edição é de 1848. Com efeito, nem sempre explicitamente, a estratégia expositiva de Marx, na *Introdução*, fez da crítica ao livro de Stuart Mill o ponto arquimediano a partir do qual ele elaborará a sua "*crítica*".

Cada uma das quatro partes da *Introdução* tem um interlocutor privilegiado, com base no qual Marx expõe a sua "crítica". Na primeira parte, a interlocução é com o mais avançado da consciência burguesa nos campos do pensamento político, filosófico e econômico. Marx mostra a superioridade de certos pensadores burgueses, os efetivos avanços heurísticos que trouxeram, mostra o quanto são superiores aos Bastiat, aos Carey, aos Proudhon, apresentando, em seguida, as limitações desses mesmos autores decorrentes, em última instância, das tendências que lhes foram increntes de *eternizarem*, de *naturalizarem* o que, sobretudo, é historicamente determinado; a segunda parte é uma crítica direta e explícita aos *Princípios da Economia Política*, de Stuart Mill; a terceira parte é uma crítica ao conjunto do método do melhor da economia política clássica, a partir do século XVII; finalmente, a quarta parte, que projetou ser uma ampla discussão sobre as determinações materiais das formas de consciência, acabou por ser uma desconcertante introdução a uma estética materialista, baseando-se em uma crítica à estética hegeliana, tal como entendida por Vischer.

Primeiro movimento: a produção ou a crítica da cultura burguesa

O capítulo 1 da *Introdução* (Produção) tem dois subitens: "Indivíduos Autônomos. Idéias do século XVIII"; "Eternização das relações de produção históricas, Produção e distribuição em geral – Propriedade". O primeiro invoca tanto temas diretamente filosóficos – o "contexto social" de Rousseau; a sociedade civil tal como definida por Hegel; o "zoon politikon" de Aristóteles; a filosofia da história – quanto temas históricos, literários e de economia política. Ao lado de nomes como Smith, Ricardo, Steuart, a quem Marx atribui muitos méritos, estão outros – Bastiat, Carey, Proudhon, John Stuart Mill, que mereceram dele decidida recusa.

O ponto de partida é, num primeiro momento, o mesmo da melhor tradição da economia política. Trata-se de reivindicar a *produção* como objeto a ser considerado em primeiro lugar. Essa posição demarca diferença com perspectivas, como a de Say, e que vai se tornar a regra no pensamento econômico neoclássico, que partem da *circulação*, que na verdade transformam a teoria econômica numa teoria das trocas.

Mas, ao lado de afirmar a centralidade da produção material, a *Introdução* também é afirmação do caráter necessariamente coletivo, social dessa produção, afastando, por insubsistentes, as teses de autores respeitáveis, como Smith e Ricardo, que pagam preço às *robinssonadas*, que pretendem entender o funcionamento da sociedade humana a partir do mito do homem isolado: o caçador, o pescador, o homem natural. Marx vê esses procedimentos como "imaginações desprovidas de fantasias" (MARX, 1978, p. 3), que repercutem, de algum modo, o personagem de Defoe, sob um duplo ponto de vista. De um lado, as "robinssonadas" se apresentam, para certa corrente historiográfica, como reação ao excesso de refinamento típico do século XVIII, isto é, como uma petição de volta ao "natural" depois dos excessos iluministas. Para Marx, essa visão reage apenas à *aparência* do fenômeno das *robinssonadas* que, na verdade, antes de remeter ao passado, é, de fato, uma "antecipação da 'sociedade civil', que se preparava desde o século XVI e que no século XVIII marchava a passos de gigante para sua maturidade" (MARX, 1972, p. 3).

Trata-se aqui, então, de ver em Rousseau, como em Smith e Ricardo quando lembram o homem natural, isolado, como ponto de partida de suas reflexões, não um recuo a um passado mítico, mas a firme convocação da sociedade burguesa como espaço da "livre concorrência, onde cada indivíduo aparece como desprendido de laços naturais, etc." (MARX, 1972, p. 3).

Marx dirá que a efetiva realização do "zoon politikon", do "animal social", que Aristóteles afirmou ser a nossa insuperável condição, é um produto do século XVIII, da sociedade civil que permite a plena individualização dos indivíduos pela experimentação de suas diversas potencialidades, de que é exemplo maior a linguagem. Para Marx, tão absurda quanto a produção de um homem isolado, fora da sociedade, seria o desenvolvimento da linguagem, sem indivíduos que vivam juntos e falem entre si (MARX, 1972, p. 4).

Marx diz que não haveria propósito em discutir o tema das *robinssonadas*, se a questão, que tinha certo sentido no século XVIII, não tivesse reaparecido no século XIX, na economia moderna, pelas mãos ineptas de Bastiat, Carey, Proudhon, etc. (MARX, 1972, p. 4).

Afirmado que o ponto de partida da crítica da economia política é a produção, é a produção material, socialmente concreta, Marx passa a considerar outro conjunto de problemas constitutivos da economia política clássica, a saber: sua tendência a eternizar, "naturalizar", relações da produção, que são, essencialmente, históricas. Dessa tendência decorrem desdobramentos importantes sobre a concepção da produção, da distribuição, da propriedade, das instituições jurídicas, e das formas de governo.

Na primeira parte da discussão, a crítica à economia política clássica não poupa nenhum de seus cultores, mesmo os mais relevantes, pois que todos tenderam a fazer da sociedade burguesa, das relações capitalistas de produção realidades eternas, inexcedíveis e imutáveis.

A crítica de Marx à da economia política, por eternizar o que é histórico e socialmente determinado, resultou na criação do conceito de *modo de produção*, que, estando implícito na obra de Marx desde *A ideologia alemã*, escrita com Engels entre 1845 e 1846, reaparece e se enriquece na *Introdução* de 1857, adquirindo plena maturidade no Prefácio da *Contribuição à crítica da Economia Política*, de 1859, assim:

> [...] na produção social de sua existência, os homens travam determinadas relações necessárias e independentes de sua vontade, relações de produção que correspondem a uma determinada fase de desenvolvimento de suas forças produtivas materiais. O conjunto destas relações de produção forma a estrutura econômica da sociedade, a base real sobre a qual se eleva um edifício (*Uberbau*) jurídico político e a que correspondem determinadas formas de consciência social. O modo de produção da vida material determina (*bedingen*) o processo da vida social, política e espiritual em geral (MARX, 1972, p 35).

A marcha da argumentação de Marx nessa parte do capítulo 1 da *Introdução* está baseada na relação entre o geral e o particular, isto é, na necessidade de conciliar aspectos que são comuns, invariantes, a todas as épocas históricas da produção, e as formas historicamente concretas que esses aspectos assumem em cada período. Trata-se, enfim, de, reconhecendo que o *sujeito* de toda produção é a *humanidade* e que o *objeto* dessa produção é a *natureza*, isto é, que a produção tem como pressuposto essas duas determinações universais e aistóricas, apreender os *modos necessários* da efetivação da produção, que, para se realizar, tem de desprender-se dessa condição abstrata e se pôr no mundo a partir de formas concretas de existência do sujeito da produção; do objeto da produção (a natureza) e dos instrumentos de produção (trabalho acumulado); os quais vêm a ser os elementos invariáveis do processo de produção, a que se vem agregar um quarto elemento, o *não trabalhador*, como constituintes de todos os modos de produção de sociedades divididas em classes sociais.

A tese central de Marx, nesse passo, é negar a existência da *produção em geral*, pela afirmação de que toda produção é historicamente determinada, do mesmo modo que também não há propósito em falar de *produção geral*.

Diz Marx: "Se não existe produção em geral, tampouco existe uma produção geral. A produção é sempre um ramo *particular* da produção, por exemplo, a agricultura, a pecuária, a manufatura, etc. – ou bem é uma *totalidade*", e conclui: "a produção é sempre um organismo social determinado, um sujeito social que atua em um conjunto maior ou menor, mais ou menos pobre, de ramos da produção" (MARX, 1972, p. 6).

Na sequência dessa frase, Marx deixa indicada uma questão que tem decisiva importância metodológica, que é a distinção que ele estabelece entre *representação* científica e *movimento real* (MARX, 1972, p. 6), tema que foi retomado por Marx no Posfácio à 2ª Edição de *O capital*, em 1873, quando disse:

> É mister, sem dúvida distinguir, formalmente, o método de exposição do método de pesquisa. A investigação tem de apoderar-se da matéria, em seus pormenores, de analisar suas diferentes formas de desenvolvimento, e de perquirir a conexão íntima que há entre elas. Só depois de concluído esse trabalho, é que se pode descrever, adequadamente, o movimento real. Se isto se consegue, ficará espelhada, no plano ideal, a vida da realidade pesquisada, o que pode dar a impressão de uma construção a priori (MARX, 1968, p. 16).

De fato, a superação das aporias que Marx vê no tratamento, pela economia política da relação entre *produção em geral* e *ramos particulares da produção*, resulta em convocar a *totalidade da produção* como síntese da contradição entre Produção em Geral X Ramos Particulares da Produção (MARX, 1972, p. 6). A partir desse ponto, e até o final do segundo capítulo da *Introdução*, o explícito objeto da crítica de Marx é John Stuart Mill e seu livro de 1848. O centro da crítica de Marx, num primeiro momento, é a distinção feita por Stuart Mill entre as leis que regeriam a produção e as que determinariam a distribuição. Diz Stuart Mill:

> A produção da riqueza; a extração dos materiais da terra, dos instrumentos para a subsistência e a felicidade humanas, não é, evidentemente, uma visão aistórica. Têm suas condições necessárias. Destas, umas são físicas, dependem das propriedades de matéria e do grau de conhecimento destas que se possua em um determinado lugar e em determinada época. Estas não os investiga a economia política, senão que a supõe; recorrendo às ciências físicas e à experiência ordinária para fundamentar-se. Combinando com esses fatos da natureza exterior outras verdades relacionadas com a natureza humana, tenta descobrir as leis secundárias ou derivadas, que determinam a produção da riqueza e da pobreza tanto do presente como do passado, e a razão de qualquer aumento de riqueza que o futuro nos reserve.
>
> As leis da distribuição, diferentemente das leis da produção, são em parte obra de instituições humanas: já que a maneira segundo a qual se distribui a riqueza, em uma sociedade determinada, depende das leis e dos costumes da época (MILL, 1943, p. 51-52).

Essa distinção estabelecida por Mill receberá de Marx explícita contestação e organizará, de fato, toda a crítica de conjunto que ele lhe moverá. Diz Marx: "Trata-se, veja-se por exemplo, o caso de Mill, de apresentar a produção, diferentemente da distribuição etc., como regida por leis eternas da natureza, independentes da história, ocasião esta que serve para introduzir, subrepticiamente, as relações *burguesas* como leis naturais da sociedade *in abstracto*" (MARX, 1972, p. 7).

Marx moverá sistemático e cerrado combate às teses, tanto às de Mill, mas também às de Proudhon, que buscaram separar *produção* e *distribuição* como se fossem esferas rigidamente isoladas e distintamente determinadas. É crucial para o projeto teórico marxiano mostrar que a produção da *mais valia* se dá no momento e no processo mesmo da produção, o que significa dizer que produção e distribuição fazem parte da mesma *totalidade*, que, devendo ser distinguidas em seus momentos constitutivos, não podem ser arbitrariamente seccionadas.

Para Marx, mais que um equívoco teórico, esse procedimento atende a certos interesses de classe, como também tem o mesmo sentido a discussão sobre propriedade como fundamento da distribuição, em particular da propriedade privada.

O Livro II dos *Princípios de Economia Política*, de John Stuart Mill, trata da *Distribuição*, e seu primeiro capítulo é sobre a *Propriedade*, a qual é, sem mais, igualada à propriedade privada, ignorando-se as diversas formas de propriedade que precederam, e coexistem, como propriedade privada. Na discussão sobre a propriedade há um desdobramento necessário, que é o fato de que "toda forma de produção engendra suas próprias instituições jurídicas, sua própria forma de governo, etc." (MARX, 1972, p. 8).

O ponto central do argumento de Marx é mostrar que o que os economistas burgueses só percebem como relações fortuitas e articuladas por nexos reflexivos são, de fato, partes de um "todo orgânico" que reúne produção, distribuição e determinadas formas jurídico-políticas a que "correspondem determinadas formas de consciência social" (MARX, 1972, p. 8 e 35).

Segundo movimento. A relação geral da produção com a distribuição, a troca e o consumo ou desconstruindo os "princípios da economia política" de John Stuart Mill

A escolha de John Stuart Mill como interlocutor privilegiado da *Introdução* atinge nesta parte seu pleno significado. Afinal, trata-se aqui de tomar de conjunto os *Princípios de Economia Política*, sua estrutura analítica e seus conceitos, e submetê-los a um escrutínio, que reitera a disposição de Marx de realizar a "crítica da economia política", tomando como objeto a obra que era amplamente reconhecida como a súmula e a culminância da trajetória da economia política desde seu vigoroso nascimento no século XVII. Para Marx, essa atribuição de auge ao livro de Stuart Mill está longe de corresponder à realidade, ainda que reflita a própria perda de referência que assolava a economia política de então. Nas *Teorias sobre a mais valia*, que Marx escreveu entre 1861 e 1863, e que foram publicadas por Kautsky, entre 1905 e 1910, Marx estabeleceu periodização do pensamento econômico, que vê no repúdio à teoria ricardiana a entrada em cena do que ele chamou de *economia vulgar*, e que se notabilizou por substituir a "investigação científica imparcial pela consciência deformada e pela intenção apologética" (MARX, 1980, vol. III).

Sabe-se que Marx não nutriu grandes simpatias pela obra de John Stuart Mill, sobretudo pelos *Princípios de Economia Política*, que ele viu inferior aos *Essays on Some Unsettled Questions of Political Economy*, escritos entre 1829 e 1830, e publicados em 1844, e que para Marx "contêm, na realidade, todas as idéias originais do senhor J. St. Mill sobre 'political economy' (diferentemente de seu grosso compêndio)" [...] (MARX, 1980, vol. III, p. 171-172). De todo modo, Marx não incluiu Stuart Mill entre os economistas vulgares. Diz ele: "Para evitar mal-entendidos observaremos que, se homens como J. St. Mill merecem crítica pela contradição entre seus velhos dogmas econômicos e suas tendências modernas, seria absolutamente injusto confundi-lo com a classe dos economistas vulgares" (MARX, 1968, p. 710).

Marx vê em Stuart Mill ecletismo e ambiguidades que, no entanto, não o desqualificam como interlocutor, senão que o recomendam por possibilitar atacar o pensamento burguês em seu núcleo mais acreditado. Disse Maurice Dobb:

> Em sua época foi, por certo, considerado como a encarnação da ortodoxia ricardiana; e a partir de 1848, e até a oposição de Marshall, seus *Principles of Political Economy with some their Applications to Social Philosophy* ocuparam um lugar único como o livro texto aceito sobre o tema. Bagehot falou de "influência monárquica" sobre seus contemporâneos e disse que desde então todos os estudantes "viam o total da matéria através dos olhos de Mill"; [...] "eles viam em Ricardo e em Adam Smith o que ele disse que veriam" (DOBB, 1975, p. 137).

Os *Principles* de Stuart Mill estão divididos em cinco livros: *Produção; Distribuição; Troca; Influência do progresso da sociedade sobre a produção e a distribuição; Influência dos governos.*

Tal estrutura, que remete mais a Smith que a Ricardo, ainda que não lhe seja incompatível, é, claramente, o mote da *Introdução* dos *Grundrisse* sobretudo em suas duas primeiras partes. À segunda parte de sua *Introdução,* Marx chamou – A relação geral da produção com a distribuição, a troca e o consumo. Na base do argumento de Marx, a denúncia do procedimento de Stuart Mill de separar, rigidamente, essas esferas. A posição de Marx é enfaticamente contrária à de Stuart Mill, como se vê no trecho: "O resultado a que chegamos não é que a produção, a distribuição, a troca e o consumo sejam idênticos, senão que constituem as articulações de uma totalidade, diferenciações dentro de uma unidade" (MARX, 1972, p. 20).

A estratégia expositiva de Marx, nessa segunda parte da *Introdução,* está baseada na reiteração do equívoco da separação rígida daquelas esferas e nas implicações, nem de longe neutras ou ingênuas, desses procedimentos.

Em vez da separação rígida de esferas, Marx mostra a sua articulação orgânica, dialeticamente articulada, mediante a exposição de um silogismo em que a produção apresenta-se como *universalidade/generalidade;* a distribuição/ troca como *particularidade,* e o *consumo* como *singularidade.* Diz Marx: "A produção aparece como o ponto de partida, o consumo como o ponto final, a distribuição e a troca como o termo intermediário, termo que por sua vez é duplo já que a distribuição é determinada como momento que parte da sociedade, e a troca como momento que parte dos indivíduos" (MARX, 1972, p. 9).

Depois de afirmar a existência do silogismo, Marx insiste que o silogismo, mais que encadeamento lógico, expressa determinações reais, que se apresentam na inter-relação entre produção e consumo, distribuição e produção, troca e circulação e troca e produção, que, encadeados desse modo, configuram as esferas da vida econômica pela confirmação de uma estrutura em que se reconhece que produção é também consumo; que produção é distribuição; que troca é circulação, e que troca é produção, a partir do seguinte quadro geral: a) a produção cria os objetos úteis e necessários, segundo determinada configuração de forças produtivas; b) a distribuição reparte a produção, segundo as relações sociais de produção; c) a troca reparte o que já foi repartido, segundo as necessidades individuais; d) o consumo faz com que a produção abandone a esfera social e converta-se em objeto de satisfação das necessidades individuais, segundo o seguinte diagrama:

Diagrama 1

Relações entre Produção, Distribuição, Troca e Consumo

Visualização de um silogismo

1. Ponto de partida → universalidade → produção → sociedade

2. Ponto intermediário → particularidade ↗ 2.1 → Distribuição → Sociedade

    ↘ 2.2 → Troca/circulação → Indivíduo

3. Ponto de chegada → singularidade → consumo → indivíduo

Nesse esquema, a produção realiza-se como consumo objetivo e subjetivo e como consumo produtivo e improdutivo; a produção e a distribuição apresentam-se como os dois lados da moeda em que se manifesta o capital, como agente da produção (terra, trabalho e capital) e como fonte de renda (renda, salário, lucro e juro); a circulação não é mais que um momento determinado da troca, isto é, a troca considerada em seu conjunto; finalmente, é preciso ver a troca como um momento da produção, só aparecendo como independente da produção no momento em que propicia a realização do consumo (MARX, 1972, p. 9-20).

Registre-se ainda que a decisiva questão do fetichismo da mercadoria, ausente da *Contribuição à crítica da Economia Política*, de 1859, que foi introduzida na primeira edição do Livro I, *O capital*, em 1867, e modificada na segunda edição do Livro I, em 1873, encontra-se esboçada na *Introdução* dos *Grundrisse*, quando Marx diz: "Na produção, a pessoa se objetiviza, e no consumo a coisa se subjetiviza" (MARX, 1972, p. 9), termos que remetem à análise de Isaak Rubin, que fala da "coisificação das relações de produção e personificação das coisas" como processos inerentes à imposição da sociedade mercantil-capitalista (RUBIN, 1974, cap. III).

Terceiro movimento: o método da economia política e a dupla "suprassunção"

Mais forte neste capítulo que nos anteriores é a presença da filosofia, isto é, da dialética, e sua necessária mobilização para a efetivação da crítica da economia política, que é, a um tempo, tanto crítica dos procedimentos empíricos dos economistas no tratamento dos temas econômicos quanto crítica do método, que informa e organiza a prática dos economistas.

O movimento da argumentação de Marx inicia-se pela arguição do método da economia política, que prevaleceu no século XVII, com Petty, Boisguillebert, que consideravam o objeto, a vida econômica, a partir do "todo vivente, a população, a nação, o Estado, vários Estados, etc, porém terminavam sempre por descobrir, mediante a análise, um certo número de relações gerais abstratas determinantes, tais como a divisão do trabalho, o dinheiro, o valor, etc." (MARX, 1972, p. 21).

Para Marx, tal procedimento padeceria de um defeito metodológico insanável, que é o fato de, tomando a economia em sua imediaticidade fenomênica, tomando a população, base de todas as atividades econômicas, por exemplo, na multiplicidade de sua composição e de suas relações, se teria uma "representação caótica do conjunto", um "mau-infinito", que só é rompido pela intervenção de arbitrários cancelamentos de inumeráveis elos intermediários. Assim, da população se vai às classes sociais, destas aos elementos sobre os quais repousam o trabalho assalariado, o capital, a propriedade fundiária, etc., e daí, mediante processo de decomposição analítica, mediante sucessivas abstrações, se chegaria às determinações mais simples, a partir das quais seria possível chegar-se, novamente, à população, agora não mais como "uma representação caótica de um conjunto, mas como uma rica totalidade com múltiplas determinações e relações" (MARX, 1972, p. 21).

Esse método, diz Marx, não é o cientificamente correto ainda que tenha estabelecido pontos decisivos para a plena constituição da economia política, como está consignado, por exemplo, no capítulo 1 da *Contribuição à crítica da Economia Política*, de 1859.

Com efeito, será com os economistas dos séculos XVIII e início do XIX que a economia política constituirá o método cientificamente correto, o que parte do simples: "trabalho, divisão do trabalho, necessidade, valor de troca – até o Estado, a troca entre as nações e o mercado mundial" (MARX, 1972, p. 21).

Esse método seria cientificamente correto porque "o concreto é concreto porque é síntese de múltiplas determinações, portanto, unidade do diverso" (MARX, 1972, p. 21).

Se se encerrasse aqui a argumentação de Marx, se trataria de: 1) afirmar o método da economia política, prevalecente nos séculos XVIII e XIX, como o cientificamente correto; 2) reconhecer que essa afirmação deriva da aceitação de critério decorrente da lógica hegeliana. Discutam-se esses dois pontos. Inicie-se pelo segundo.

Poderá parecer desconcertante que Marx recorra a Hegel para legitimar os procedimentos metodológicos da economia política. De fato, esse procedimento está longe de ser arbitrário e permitirá a Marx não só estabelecer a grandeza teórica da economia política, quanto suas limitações, como também, na mesma operação, explicitar a "suprassunção" da dialética hegeliana que Marx está realizando mediante a concretização da *crítica da economia política*, que é crítica tanto ao conjunto das formas de *existência* quanto das formas de *consciência* da sociedade burguesa.

No último trecho citado, Marx define o conceito de *concreto*, e essa definição traz, de imediato, Hegel, seja na *Enciclopédia das Ciências Filosóficas*, publicada a primeira vez em 1817, depois em 1827, seja finalmente em 1830, no volume I, *A Ciência da Lógica*, § 82. "Este racional, portanto, embora seja algo pensado – também abstrato –, é ao mesmo tempo algo *concreto*, porque não é unidade *simples, formal,* mas *unidade* de *determinações diferentes.* Por isso a filosofia em geral nada tem a ver, absolutamente, com simples abstrações ou pensamentos formais, mas somente com pensamentos concretos" (HEGEL, 1995, p. 167); seja ainda na *Introdução à História da Filosofia*, publicado em 1833, quando Hegel diz: "Na realidade, a filosofia está na região do pensamento, e por isso tem de se ocupar de generalidades. O seu conteúdo é abstrato, mas só pelo que respeita à forma, ao elemento, porque em si mesma a idéia é essencialmente concreta, visto ser essa a unidade de distintas determinações. [...] o concreto é simples e, ao mesmo tempo, diverso" (HEGEL, 1961, p. 65-66).

Marx diz do concreto: "[ele] aparece no pensamento como processo de síntese, como resultado, não como ponto de partida, ainda que seja o verdadeiro ponto de partida e, por consequência, o ponto de partida também da intenção e representação" (MARX, 1972, p 21). No primeiro caminho, o caminho dos economistas do século XVII, diz Marx, "a representação plena é volatizada em determinações abstratas; no segundo caminho, o dos economistas do século XVIII-XIX, as determinações abstratas conduzem à reprodução do concreto, pelo caminho do pensamento" (MARX, 1972, p. 21). "Mas, se Hegel trouxe-nos até aqui por meio do conceito de *concreto*, não é possível", diz Marx,

> [...] continuar a segui-lo a partir do momento em que Hegel, absolutizando-o, atribuía ao pensamento a condição de produzir o real a partir do processo que consiste em concentrar-se em si mesmo, aprofundar-se em si mesmo e mover-se a si mesmo, enquanto que o método que permite elevar-se do abstrato ao

concreto é para o pensamento só a maneira de apropriar-se do concreto, de reproduzi-lo como um concreto espiritual. Porém, isto não é, de nenhum modo, o processo de formação do concreto mesmo (MARX, 1972, p. 22).

A discussão sobre o método da economia promovida por Marx estabeleceu a superioridade daquele adotado pela economia política dos séculos XVIII-XIX em relação ao da economia política do século XVII. Essa superioridade, baseada na construção conceitual que se eleva do abstrato ao concreto, do simples ao complexo, é procedimento que produz, no campo da economia política, movimento equivalente ao da filosofia hegeliana. Contudo, a descoberta dessa similitude, longe de pôr termo ao projeto marxiano, é o ponto decisivo para a efetiva manifestação (do específico) desse projeto, que não só não se dissolve na resolução hegeliana, quanto também não se pode contentar com os termos, que a economia política dos séculos XVIII-XIX colocou a questão, sobretudo, e decisivamente, porque o projeto marxiano não busca ser uma versão mais bem acabada da economia política, senão que pretendeu ser a sua "suprassunção", ser uma *crítica da economia política*.

Insista-se na questão. Ao dizer que Marx não buscou apenas retificar ou melhorar a economia política, não se deduza, daí, que sua teoria da estrutura e dinâmica capitalista não seja plenamente bem-sucedida nos seus termos, isto é, considerados tanto o alto grau de abstração conceitual dos *Grundrisse*, da *Contribuição à crítica da Economia Política* e de *O capital*, quanto o caráter incompleto do conjunto.

Para muitas e decisivas questões, como no referente à teoria do valor, a teoria marxiana não só oferece respostas melhores que as da economia política, no referente à substância e magnitude do valor, quanto introduz uma problemática inteiramente nova à referente à *forma do valor*, que é o que, efetivamente, permitiu a teoria marxiana "suprassumir" a teoria clássica do valor-trabalho, pela descoberta da *"Teoria da forma do valor"* como expressão material do trabalho abstrato, que, por sua vez, "pressupõe a existência de relações sociais de produção entre produtores autônomos de mercadorias" (RUBIN, 1974, p. 126).

Marx não buscou completar, retificar, glosar a economia política, mesmo reconhecendo seus avanços teóricos e metodológicos. Marx, como a economia política descobriu em seu itinerário, como Hegel estabeleceu em sua filosofia, também sabe que o caminho do conhecimento é o que leva do abstrato ao concreto, mas também deixou claro que sua visão sobre isso nem repetia a economia política nem ratificava Hegel. Seu caminho ele enunciou-o assim:

1) começar pelas determinações abstratas gerais que correspondem, em maior ou menor medida, a todas as formas de sociedade; 2) em seguida, apresentar as categorias que constituem a articulação interna da sociedade burguesa e sobre as quais repousam as classes fundamentais – capital, trabalho assalariado, propriedade territorial. Suas relações recíprocas. Cidade e Campo. As três grandes classes sociais. Troca entre elas. Circulação. Crédito (privado); 3) Síntese da sociedade burguesa sob a forma do Estado. A sociedade burguesa considerada em si mesma. As classes "improdutivas". Impostos. Dívida do Estado. Crédito Público. A população. As colônias. Emigração; 4) Relações internacionais de produção. Divisão internacional do trabalho. Troca internacional. Exportação e importação. Movimento cambial; 5) Mercado mundial e as crises (MARX, 1972, p. 29-30).

Esses itens, que encerram o terceiro capítulo da *Introdução* aos *Grundrisse*, constituem o plano geral de redação da *crítica da economia política*, plano que não será inteiramente realizado e que sofreu algumas alterações, mas que, no essencial, não foi abandonado por Marx, diz Rosdolsky: "Depois de estudar os manuscritos de *O capital,* podemos concluir que Marx nunca abandonou definitivamente os últimos três dos seis livros planejados. Eles estavam destinados a um 'desdobramento da obra'. Por isso, a verdadeira modificação do plano só diz respeito aos livros I, II e III" (ROSDOLSKY, 2001, p. 58).

Para Marx, não era aceitável a solução da economia política, sua metodologia; seu caminho do abstrato ao concreto não era inteiramente isento de arbitrariedades. Aqui era preciso recorrer a Hegel e exigir que o ponto de partida da ciência fosse inteiramente legítimo, isto é, não arbitrário, perfeita presentificação do universal, da generalidade. Essa exigência a economia política não pode atender por implicar a ideia de totalidade, inteiramente estranha ao seu universo conceitual. Por outro lado, também Hegel não poderá ser o guia nessa caminhada, posto que seu conceito de totalidade resulta da absolutização do espírito, que a si mesmo se produz e à realidade.

Confrontado com essa exigência de estabelecer o caminho do conceito do abstrato ao concreto com base na centralidade das determinações materiais, Marx, já na *Contribuição à crítica da Economia Política*, de 1859, apresentou uma resposta decisiva para a plena realização da crítica da economia política e sintetizada na imposição da "mercadoria" como ponto de partida daquela crítica (PAULA, 2008).

Completou-se assim o ciclo: o método da economia política do século XVII foi apresentado, e apontadas suas deficiências, superadas pelo método da economia política prevalecente nos séculos XVIII-XIX, o qual, diz Marx, se constituiu cientificamente. Contudo, a correção apontada não era suficiente para que se lhe aceitasse, sem mais, como também não era o caso de aceitar a solução hegeliana, sua dialética, seus silogismos, impondo-se, para Marx, a elaboração de um silogismo que superasse, ao mesmo tempo, tanto a "naturalização", à "eternização", típicas da economia política, quanto à "idealização" que tipifica a opção hegeliana.

Marx, no terceiro item da "*Introdução*" dos *Grundrisse*, reconhecendo os decisivos avanços alcançados, seja pela economia política, seja pela filosofia hegeliana, realiza uma dupla "suprassunção", reafirmando o caráter irredutivelmente histórico-social da realidade econômica, bem como a dimensão autocriativa do ser social, sem que isso signifique teleologia.

Quarto movimento: as determinações materiais da existência, da consciência e do estado

A quarta e última parte da *Introdução dos Grundrisse* oferece ainda mais dificuldades de interpretação, por se constituir, sobretudo em sua primeira parte, num roteiro de questões que não foram desenvolvidas. Na primeira parte, os oito itens listados dizem respeito às relações entre o modo de produção – relações de produção, distribuição, troca/circulação e consumo – e as formas concretas de Estado e de consciência que lhe correspondem.

Ainda que careça de desenvolvimento, o encadeamento dos temas sugere, claramente, uma concepção sobre as relações entre "base" e "superestrutura", entre "determinações materiais" e formas de consciência e representação", entre "determinações materiais" e "formas de governo", que rejeita qualquer determinismo, unilateral e reducionista, que é como, em geral, tem sido interpretada a passagem do *Prefácio de 1859*, que discute essa questão. Trata-se, como Marx precisou ao usar a palavra "edifício" ("*Uberbau*") para designar o conjunto considerado aqui, de considerar a realidade social como totalidade, um todo articulado, composto de esferas diferenciadas por ritmos e pela natureza de seus sujeitos e objetos.

Foram considerados ali vários exemplos de desigualdade de ritmos entre o desenvolvimento histórico geral e certas formas de consciência e as relações jurídicas, como: a guerra que se desenvolveu antes da paz, como também foi nos exércitos que se desenvolveram, pioneiramente, certas relações econômicas mais avançadas – divisão do trabalho, assalariamento – a maquinaria; a desigualdade da relação entre desenvolvimento material e desenvolvimento artístico, afastando a ideia de progresso quando se trata das manifestações artísticas. Ou então a disparidade entre o desenvolvimento material dos Estados Unidos, quando comparado com o desenvolvimento cultural europeu. Ou ainda o desenvolvimento do direito privado romano em relação à produção moderna (Marx, 1972, p. 30-31).

Há, nessa parte da *Introdução*, indicações seguras de relações e desdobramentos da dinâmica capitalista, que se confirmaram com o tempo, como a referência sobre a influência dos meios de comunicação na sociedade moderna. Há ainda uma observação decisiva sobre a história universal, quando Marx diz que "ela nem sempre existiu, que a história universal é um resultado [...] Um resultado da atividade humana, marcada por determinações; subjetivas e objetivas" (Marx, 1972, p. 31).

Mas o ponto alto do capítulo e das mais instigantes considerações estéticas de Marx é a discussão sobre as relações entre a arte e a sociedade, que está no item "A arte grega e a sociedade moderna", que fecha a *Introdução*. Aqui, há um interlocutor que permaneceu inominado. Trata-se de Friedrich Theodor Vischer (1807-1887), filósofo especialista em estética, que pertenceu à corrente de centro, do hegelianismo. A *Estética* de Hegel foi publicada em 1835. Entre 1846 e 1857, Vischer publicou seus seis volumes sobre estética. Marx leu Vischer entre 1857 e 1858. Diz Lukács: "Não esqueçamos que Marx havia lido a estética de Vischer no período preparatório de *O Capital*, muito pouco tempo antes da redação definitiva da *Contribuição à crítica da Economia Política*" (Lukács, 1968, p. 274).

Marx menciona Vischer, em carta a Lassale de 22 de fevereiro de 1858, a propósito do formato da publicação da *Contribuição à crítica da Economia Política*, que ele pretende seja sob a forma de "cadernos bastante análogos àqueles em que apareceram, pouco a pouco, a *Estética* de Vischer" (Marx/Engels, 1974, p. 70).

Marx havia lido a *Estética* de Vischer e fez dela o equivalente, como objeto crítico, do que fora John Stuart Mill, na segunda parte da *Introdução*. Aqui, de novo, um representante credenciado do pensamento burguês, no campo da estética, é escolhido para que, mediante contraste crítico, se manifeste a posição de Marx agora sobre as relações entre o modo de produção e as formas de representações artísticas.

Há, no itinerário de Vischer, algo semelhante ao de Stuart Mill. Ambos, tendo partido de grandes nomes, nomes máximos do pensamento burguês nos campos da filosofia e economia, Hegel e Ricardo, acabaram por não honrar, devidamente, aos seus mestres. No caso de Vischer, sua posição política tendeu ao conservadorismo, a um apoio decidido a Bismarck, o que não pode ser imputado a Stuart Mill, que aderiu a uma sorte de social-liberalismo.

De todo modo, o que interessa aqui são as ideias estéticas de Vischer, e a maneira meticulosa como Marx estudou-as. Ressaltem-se duas questões, que, para Luckács, motivaram o interesse de Marx pela estética de Vischer: 1) "o problema da *participação ativa* do sujeito na origem do 'belo'; 2) o segundo problema diz respeito ao 'desenvolvimento irregular' da arte com relação ao desenvolvimento social geral" (LUKÁCS, 1966, p. 275-276). As duas questões remetem à luta de Marx *contra o idealismo* e *contra o materialismo mecanicista* e, por contraste, a uma concepção filosófica decisivamente não mecanicista e não reducionista.

É, de fato, a partir de perspectiva não mecanicista e não reducionista, que Marx enfrenta o grande desafio de explicar a grandeza inexcedível das grandes obras de arte do passado, arte grega, à luz da debilidade de suas bases materiais.

A pergunta que Marx se faz, quanto à arte grega e seu permanente encanto, parte do descompasso entre a grandeza artística e a precariedade das suas bases materiais, precariedade bem *sui generis*, diga-se, já que os gregos clássicos, em seu teatro, usavam máquinas e artefatos para a produção de maravilhas, por exemplo, a descida de deuses em cena, mas se recusavam a utilizar essas máquinas para a produção material.

Marx coloca a questão de modo rigorosamente dialético. A questão aqui é, reconhecendo a grandeza, sob certos aspectos inexcedível, da arte clássica grega, não ignorar a precariedade material daquela sociedade, seu inegável caráter de infância da humanidade diante das maravilhas da tecnologia moderna.

O decisivo da questão é que aquela grandeza artística não estava em "contradição com o caráter primitivo da sociedade em que ela se desenvolveu. É, de fato, seu resultado; na verdade está ligado ao fato de que as condições sociais imaturas nos quais aquela arte surgiu, e que eram as únicas em que poderiam surgir, não podem voltar mais" (MARX, 1972, p. 33).

Não podem voltar jamais as condições que permitiram aos gregos aquela grandeza artística. Contudo, essa mesma grandeza, sendo produto da invenção humana, é um poderoso chamamento, é a lembrança de que os homens, tendo sido capazes de criar formas artísticas superlativas, podem voltar a fazê-lo, na medida em que possam acreditar na felicidade e na plena emancipação humana, não mais como benesses de um mundo habitado por deuses, que acompanham e interferem, permanentemente, nas coisas humanas, mas pela construção de um mundo em que os deuses sejam tão desnecessários quanto são os poderes que nos aprisionam hoje à permanente alienação e aviltamento.

Referências

DOBB, Maurice. *Teoria del valor y de la Distribuición desde Adam Smith*. Trad. esp. Buenos Aires: Siglo XXI, 1975.

HARTMANN, Nicolai. *A Filosofia do Idealismo Alemão*. 2. ed. Trad. port. Lisboa: Fundação Calouste Gulbenkian, 1983.

HEGEL, G. W. F. *Introdução à História da Filosofia*. 2. ed. Trad. port. Coimbra: Arménio Amado, Editor Sucessor, 1961.

HEGEL, G. W. F. *A Fenomenologia do Espírito*. Trad. port. São Paulo: Abril Cultural, Os Pensadores, 1974.

HEGEL, G. W. F. *Enciclopédia das Ciências Filosóficas em Compêndio (1830)*. v. I. A *Ciência da Lógica*. Trad. port., São Paulo, Edições Loyola, 1995.

INWOOD, Michael. *Dicionário Hegel*. Trad. port. Rio de Janeiro: Jorge Zahar Editor, 1997.

KOSIK, Karel. *Dialética do Concreto*. Trad. Port., 2. ed. Rio de Janeiro: Paz e Terra, 1976.

LUKÁCS, Georg. "Karl Marx y Friedrich Theodor Vischer in *Aportaciones a la Historia de la Estética*. Trad. esp. México: Grijalbo, 1966.

MARX/ENGELS. *Cartas sobre El Capital*. Trad. esp. Barcelona: Editorial Laia, 1974.

MARX, Karl. *O Capital*, Livro I, 2 vols. Trad. port. Rio de Janeiro: Civilização Brasileira, 1968.

MARX, Karl. *Introducción General a la crítica da Economia Política/1857*. 6 ed. Trad. esp. Córdoba: Cuadernos Pásado y Presente, nº 1, 1972.

MARX, Karl. *Teorias sobre la Plusvalía*. Tomo III, Trad. esp. México: Fondo de Cultura Económica, 1980.

MILL, John Stuart. *Princípios de Economia Política*. Trad. esp. México: Fondo de Cultura Económica, 1943.

PAULA, João Antonio de. O Outubro de Marx. In: *Revista Nova Economia*, v. 18, nº 2, maio-ago 2008.

ROSDOLSKY, Roman. *Gênese e Estrutura de "O Capital" de Karl Marx*. Trad. port. Rio de Janeiro: EDEUERJ/Contraponto, 2001.

RUBIN, Isaak I. *Ensayos sobre la Teoria Marxista del Valor*. Trad. esp. Buenos Aires: Cuadernos pasado y presente nº 53, 1974.

USHIDA, HIROSHI. *Marx´s Grundrisse and Hegel´s Logic*. Disponível em: <http://www.marxists.org/subject/japan/uchida/index.htm>.

VAZ, Henrique Cláudio de Lima. Notas à Fenomenologia do Espírito. HEGEL, G. W. F. *op. cit.*, 1974.

O dinheiro no capital e nos *Grundrisse*

Mauricio C. Coutinho

O tema

Tomando-se como referência a obra de maturidade (*O capital*), qual o grau de desenvolvimento exibido pela análise do dinheiro dos *Grundrisse*? Essa é uma questão não trivial por mais de uma razão. Em primeiro lugar, pela importância assumida pela análise do dinheiro e pela crítica das teorias monetárias, dos economistas do século XVII aos do século XIX, na formação do conceito de capital de Marx. Sendo a teoria do capital dos *Grundrisse* notoriamente incompleta, no mínimo carente da crucial análise do processo de produção desenvolvida em *O capital*, é razoável perguntar se as ideias de Marx sobre o dinheiro denotavam o mesmo grau de inconclusão.

A segunda razão a tornar não trivial a discussão sobre a maturidade da análise do dinheiro dos *Grundrisse* remete ao próprio caráter da obra. Caderno de notas, coleção de material a não ser publicado, desenvolvimento notoriamente desigual dos temas tratados, a comparação esbarra na diferença de propósitos de *O capital*, esta sim uma obra feita para ser publicada (o Livro I foi de fato publicado e revisado pelo próprio Marx), minuciosa nas referências, obsessiva quanto ao plano de exposição. Como acréscimo às dificuldades, o fato de o capítulo do dinheiro dos *Grundrisse* ter como fio condutor a crítica à concepção sobre dinheiro e bancos de Darimon, economista proudhoniano, e por meio delas a crítica ao próprio socialismo proudhoniano – uma espécie de retomada monetária das conhecidas críticas a Proudhon da *Miséria da Filosofia*.

Finalmente, pelo próprio caráter inacabado e inacabável de nosso ponto de comparação, *O capital*. Após 1867, Marx estava não apenas atento a necessidades de alteração no Livro I, como efetivamente envolvido em uma revisão de diversos pontos de sua teoria do capital, estimulada pelo acompanhamento criterioso de acontecimentos econômicos contemporâneos, particularmente as crises financeiras.[1] De certo modo, não é muito precisa a ideia de que *O capital*, como o conhecemos, represente o pensamento acabado de Marx; uma conclusão, acredito, que se aplica até a certos desdobramentos da análise do dinheiro.

---

[1] Ver, a respeito do desenvolvimento dos trabalhos de Marx após a publicação do Livro I de *O capital*, Krätke, M., "Le dernier Marx et le Capital".

De todo modo, nos três primeiros capítulos do primeiro livro de *O capital*, bem como na Seção Quinta do Livro III, que trata do capital a juros, Marx documenta seu amplo domínio de teoria monetária por meio de incontáveis referências, evidenciadas no corpo do texto e nas notas de rodapé. As referências abrangem um largo intervalo de tempo e um largo espectro de matérias dos economistas mercantilistas às controvérsias sobre os sistemas monetários inglês e internacional em meados do século XIX. A ideia que se vai aqui sugerir é a de que, ao redigir os *Grundrisse*, a fluência de Marx em teoria monetária já era considerável. Vejamos, então, em que medida e com que grau de desenvolvimento os principais elementos da teoria monetária de *O capital* aparecem já nos *Grundrisse*, principiando com um comentário sumário sobre a apresentação do dinheiro em *O capital*.

A teoria monetária de *O capital*

O principal elemento distintivo da teoria monetária de *O capital* reside no fato de ter sido enquadrada no peculiar método expositivo adotado por Marx na obra, que inicia pela mercadoria. A Seção Primeira, denominada *Mercadoria e Dinheiro*, tem como ponto de partida exatamente a clássica análise da mercadoria, no capítulo de mesmo nome. O dinheiro surge aí como a superação necessária da contraposição, interna à mercadoria, de seus elementos constitutivos – valor de troca e valor de uso. Marx mostra como o dinheiro (a forma dinheiro) nada mais representa do que um desenvolvimento da forma geral de valor da mercadoria.

Ressalte-se que o método de exposição – da mercadoria para o dinheiro – não apenas permite a Marx situar-se exclusivamente no plano mercantil, evitando momentaneamente o tormentoso plano do capital (e aí vai uma advertência em relação às dificuldades com que Ricardo se defrontara ao incorporar os lucros à análise do valor, no capítulo 1 dos *Princípios*), como reitera sua filiação a uma longa tradição de autores (Galiani, Smith, Turgot), que, ao tratarem do dinheiro, ressaltam sua natureza mercantil. O dinheiro é mercadoria, portanto. Ao mesmo tempo, a exposição ressalta o caráter específico do dinheiro, ou melhor, sua distinção em relação às mercadorias profanas, sua capacidade de personificar valor e riqueza em caráter abstrato e permanente (Petty), em contraste com a perecibilidade das demais mercadorias; vale dizer, a exposição destaca as especificidades da forma dinheiro da mercadoria, que a tornarão personificação geral e impessoal da riqueza (Turgot) e, deste modo, meio de expressão e forma sob a qual o capital sempre "pisa a cena".

Note-se que Marx evita tomar como ponto de partida a tradicional reconstituição formal e genética do dinheiro, adotada por praticamente todos os economistas e que pode ser resumida pela sequência: 1. no início, as mercadorias trocavam-se umas pelas outras diretamente; 2. de modo a eliminar as restrições do escambo, escolhe-se uma das mercadorias como meio exclusivo de troca; 3. finalmente, os metais preciosos assumem a função de meio universal de troca, graças a sua aceitação geral (Galiani) e a suas particularidades – elevado valor por unidade de massa, divisibilidade, incorruptibilidade. Certa genealogia do dinheiro, distinta da abordagem geral dos economistas, é estabelecida por Marx no capítulo II, que trata do processo de troca. Nela, prepondera o contraste entre o "intercâmbio imediato de produtos", de caráter ocasional, fortuito, desprovido de normas, e a forma dinheiro propriamente dita, que pressupõe valores determinados por uma norma social e a circulação de mercadorias.

A circulação de mercadorias, aliás, é o tema exclusivo do capítulo III. Marx trata nesse contexto da tradicional distinção funcional do dinheiro – medida de valores, meio de circulação e dinheiro propriamente dito (que inclui entesouramento, meio de pagamento e dinheiro mundial). A distinção de funções permite abordar de modo rigoroso a substituição de dinheiro metálico por meros símbolos de valor, um tema em debate desde os séculos XVII (Barbon) e XVIII (Law, Berkeley).

Adicionalmente, ao esmiuçar o processo de troca e na análise do dinheiro como meio de circulação, Marx explicita as mudanças de forma inerentes à circulação $M - D - M'$, lançando duas questões importantes. A primeira delas é a própria possibilidade de interrupção do processo circulatório, na medida em que venda e compra são atos não simultâneos, contrapostos e mediados por dinheiro, e na medida em que o dinheiro, como foi visto, representa valor permanente e pode ser subtraído à circulação. A possibilidade de interrupção da circulação mercantil está posta. No processo $M - D - M'$, estabelece-se um contraste entre o caráter perecível das mercadorias, necessariamente destinadas a ser retiradas da circulação, e a imperecibilidade do dinheiro; vale dizer, admite-se a possibilidade teórica de que vendas não sejam seguidas de compra e de que a circulação mercantil se veja interrompida. Por outro lado, abre-se espaço para a análise de uma circulação distinta, a do dinheiro $(D - M - D')$, a ser desenvolvida na Segunda Seção (A Transformação do Dinheiro em Capital). O tratamento do circuito $D - M - D'$ envolve a reposição de dois temas permanentes na concepção de Marx sobre o dinheiro: a conexão necessária entre dinheiro e capital e a necessidade de uma forma de circulação distinta para o dinheiro. Ao valorizar-se nessa forma de circulação, o dinheiro faz parte do processo do capital.

Duas observações adicionais. Primeiro: tanto o capítulo I quanto o capítulo II de *O capital* dão especial destaque ao fetichismo da mercadoria, um tema de ampla repercussão e implicação e que até tem o potencial de transcender o plano da mercadoria e penetrar no plano do capital – a esse respeito, a Seção V do Livro III de *O capital* é elucidativa. Segundo: na análise do dinheiro propriamente dito, no capítulo I, entesouramento, meios de pagamento e dinheiro mundial são funções que projetam elementos para a compreensão do dinheiro no processo do capital, assim como para a abordagem das crises capitalistas. O dinheiro propriamente dito, com todas suas funções, é um personagem da circulação capitalista – uma conclusão que de certo modo permanece em suspenso na seção que trata de mercadoria e dinheiro.

Deste modo, em *O capital* Marx parte do dinheiro-mercadoria. Na Seção I do Livro I, evita penetrar em discussões que requererão melhor entendimento do processo capitalista de produção, assim como evita as questões monetárias próprias ao capitalismo e uma discussão mais variada da crise.

O dinheiro nos *Grundrisse*

O leitor do Capítulo do Dinheiro dos *Grundrisse* que tiver como referência a Seção I do Livro I de *O capital*, em particular seu capítulo I (A Mercadoria), passará pela experiência de cair do céu à terra. Enquanto em *O capital* todo o cuidado é tomado para situar o dinheiro no plano mercantil, transferindo-se a discussão mais específica das crises capitalistas para o Livro III, o Capítulo do Dinheiro dos *Grundrisse* é pautado pela crítica de Darimon à atuação do Banco da França na crise bancária de 1855. E já ao início Marx critica Darimon por confundir necessidade de crédito com necessidade de *currency* – um tema recorrente nas discussões monetárias dos séculos XVIII e XIX – e embrenha-se na discussão do crédito propriamente dito, vale dizer, penetra em uma área que envolve o conhecimento tanto da função de meio de pagamento do dinheiro como da natureza da circulação monetária e das práticas de contabilidade bancária.

Não bastasse isso, nas dez primeiras páginas, Marx põe-se a discutir as relações entre circulação monetária e balanço de pagamentos, outro tema tradicional – remonta ao mercantilismo – e bastante complexo do debate econômico. A crítica a Darimon, resumida nas perguntas "é possível revolucionar as relações de produção existentes e as relações de distribuição a elas correspondentes [...] transformando a organização da circulação? [...] é possível empreender uma transformação tal da circulação sem afetar as reais relações de produção e as relações sociais que nela repousam?"(p. 45),[2] mostra a complexidade da apresentação do Capítulo do Dinheiro, pois tanto remete às particularidades quanto às características gerais dos sistemas monetários.

No entanto, ressalte-se que a crítica a Darimon transcende as particularidades da situação francesa em 1855/56, lançando-se Marx a uma retomada ampla dos temas monetários. A construção de instrumentos gerais de análise, os quais viriam a ser expostos de modo mais sistemático em *O capital*, seja na Seção I do Livro I, seja nas passagens do Livro III voltadas a discussões específicas do capital-dinheiro e das crises monetárias, transcorre em meio a essa retomada. Sem esgotar a lista, vejamos alguns dos tópicos incluídos.

Para começar, o já mencionado contraste entre *currency* e crédito. Como foi dito, esse é um cavalo de batalha das discussões monetárias, do século XVII (Locke) ao XIX (Ricardo, Overstone), em contextos monetários e teóricos distintos. A discussão sobre a "quantidade adequada de meio circulante", que transcorre no terreno do *currency*, foi uma dos grandes alavancas na constituição da teoria monetária nos séculos XVII (Locke) e XVIII (Berkeley, Hume, Cantillon). São diversas as facetas desse debate, todas abordadas nos *Grundrisse*: moeda metálica versus papel-moeda; utilização de títulos de crédito como meio de circulação; difusão da dívida pública e sua importância na passagem de uma sociedade com predomínio do *landed interest* a outra em que se afirma o *moneyed interest* (ponto caro a Hume e caríssimo a Marx).

A discussão a respeito de *currency* remete ainda a outro tema tradicional – relação entre meio circulante e nível de preços –, o qual, se viria a receber tratamento bem mais detalhado na *Contribuição à crítica da Economia Política* em *O capital*, aparece já muito bem exposto nos *Grundrisse*. A primeira menção a Ricardo nos *Grundrisse*, aliás, dá-se nesse contexto, que abrange a teoria monetária de modo geral e a convertibilidade/inconvertibilidade das notas bancárias de modo particular:

> [...] Darimon [...] passa por alto a crise inglesa de 1809-1811 [...] e se limita a registrar a adoção pela Câmara dos Comuns da resolução segundo a qual "a depreciação dos bilhetes em relação aos metais preciosos deriva não de uma depreciação do papel-moeda, mas de um aumento do preço do bullion" e o panfleto de Ricardo que sustentava a tese oposta, [...] de que "o dinheiro, em seu estado mais acabado, é o papel-moeda" [...] as crises não derivaram de modo nenhum da convertibilidade dos bilhetes em ouro (metal) e não podiam

---

[2] As citações dos *Grundrisse*, indicadas pelo número de página, referem-se à seguinte edição: Karl Marx. *Elementos fundamentales para la crítica de la economía política*: (borrador) 1857/1858. Mexico: Siglo Veintiuno Editores, 1978.

portanto ser sustadas abolindo tal convertibilidade. [...] Darimon [...] adere ao aforismo de Ricardo que não tem nada a ver com assunto específico nem com o tema do panfleto – o problema da depreciação do papel moeda. Ignora que a teoria do dinheiro de Ricardo foi refutada totalmente em suas falsas premissas, conforme as quais o banco controla a quantidade de bilhetes circulantes e a quantidade de meios de circulação determina os preços [...] (p. 49).

Para Marx, são os preços que determinam a quantidade de meios de circulação, conclusão a que Ricardo não teria chegado porque em sua época "[...] faltavam investigações detalhadas sobre os fenômenos de circulação do dinheiro" (p. 50). A conclusão será reforçada por uma análise detalhada da forma preço do dinheiro, muito desenvolvida em *O capital*, porém, apresentada em modo bem maduro nos *Grundrisse*. Na *Contribuição à crítica da Economia Política* e em *O capital*, os detalhados comentários sobre o *currency principle* e sobre o *Peel Act* representam um desdobramento, bem mais avançado teoricamente, dessa perspectiva.

Movimentos no valor das mercadorias e impactos em preços é outro tema que ocupa razoável espaço nos *Grundrisse*, recebendo até uma exemplificação (qual seria a consequência de uma queda na produção de trigo – uma mercadoria de uso geral) bastante minuciosa. Efeitos da alta ou baixa do preço dos metais preciosos sobre os preços, e a particularidade de o dinheiro não representar um valor em si, mas uma quantidade determinada da própria matéria (ouro, prata). Enfim, uma exploração persistente das diferenças entre valor e preço, tema que viria a receber um tratamento detalhado, em outro contexto, no capítulo X do Livro III de *O capital*, que trata de valores e preços de produção. À distinção entre valores e preços pertence à crítica à "ilusão dos bônus-horários", de Proudhon e Darimon, que se concentra no fato de que "[...] ao eliminar a diversidade nominal entre valor real e valor de mercado, entre valor de troca e preço [...] eliminam também a diferença e contradição real entre preço e valor" (p. 63). A contradição entre preço e valor é de fato um dos temas-chave da teoria monetária de *O capital*.

Do mesmo modo, pode-se dizer que o roteiro consagrado no Capítulo I de *O capital* – valor (valor de uso e valor de troca), trabalho (trabalho concreto e trabalho abstrato), necessidade de as relações sociais em sociedades mercantis expressarem-se na forma de relações quantitativas entre mercadorias (fetichismo) e, portanto, imprescindibilidade do valor – está intuído, se não razoavelmente desenvolvido, nos *Grundrisse*. Marx discute o significado da forma valor em um mundo mercantil, para concluir que o valor "[...] é sua (das mercadorias) intercambiabilidade quantitativamente determinada" (p. 65). E acrescenta: "Enquanto valores, todas as mercadorias são qualitativamente iguais e só quantitativamente diferentes, em conseqüência medem-se todas reciprocamente e se substituem (trocam-se, são reciprocamente convertíveis) em determinadas proporções quantitativas. O valor é sua relação social, sua qualidade econômica" (p. 65-66). Nada mais claro: o valor é uma propriedade, a relação social, a qualidade econômica, das mercadorias. Marx distingue entre propriedades naturais e indivisíveis da mercadoria (seu valor de uso) e propriedades sociais (o valor). Do mesmo modo, situa o papel e a natureza mercantil do dinheiro: "A determinação do produto como valor de troca supõe [...] necessariamente que o valor de troca receba uma existência separada, cindida do mercado. O valor de troca cindido das próprias mercadorias e existente ele mesmo como uma mercadoria junto a elas, é dinheiro" (p. 70). A forma hegeliana de expressão prolonga a exposição, mas não é equivocado dizer que, quanto à natureza mercantil do dinheiro e à apresentação do dinheiro como um desenvolvimento do valor de troca, muito pouco restaria a acrescentar.

Claras, do mesmo modo, as conexões entre dinheiro e capital, assim como as origens históricas do capital, no capital-dinheiro: "A propriedade do dinheiro de ser mercadoria universal frente a todas as outras, corporificação de seu valor de troca, converte-o ao mesmo tempo na forma realizada e sempre realizável do capital [...] Esta forma faz com que o capital se apresente historicamente a princípio só sob a forma de dinheiro [...]" (p. 71). Proposição que foge ao ambiente da Seção I do Livro I de *O capital*, mas que é crucial na reconstituição da teoria do capital.

A circulação M – D – M' é outro dos temas antecipados com bastante precisão nos *Grundrisse*. Marx trata da cisão do processo de troca em dois atos reciprocamente independentes, destacando a possibilidade de formação de uma camada de capitalistas-comerciantes, crucial nos primórdios do capitalismo. Trata, do mesmo modo, da autonomização do valor de troca, sob a forma de dinheiro – um tema que remete ao capital. Além disso, antecipa a possibilidade de crises e critica os economistas que não anteviram que a mera explicitação do processo de circulação em dois atos distintos, M – D – D – M, abre as portas a descontinuidades traumáticas.

O principal na análise do processo M – D – M dos *Grundrisse*, no entanto, é a antecipação da natureza do capital: uma solução à contradição interna à mercadoria, contradição que constitui o dinheiro como uma manifestação emblemática, e propensa à autonomia, do valor. O dinheiro, em si, tem uma existência contraditória: tornar-se autônomo em relação à circulação (às mercadorias), permanecendo nela.

> Vemos então como é imanente ao dinheiro o fato de alcançar seus fins negando-os simultaneamente, o tornar-se autônomo em relação às mercadorias; o passar

> de meio a fim; o realizar o valor de troca das mercadorias desvinculando-se
> delas, o facilitar a troca introduzindo nela um elemento de cisão, o superar as
> dificuldades de troca imediata das mercadorias generalizando-as, o converter
> a troca em autônoma em relação aos produtores na mesma medida em que
> os produtores se tornam dependentes da troca (p. 77).

Uma apresentação das funções da moeda (moeda de conta, meio de circulação), o tratamento do dinheiro como representante material da riqueza, as relações sociais inerentes a uma sociedade na qual o dinheiro é o instrumento dominante de trocas, o paralelismo entre a generalização do processo de constituição do dinheiro como riqueza geral e a emergência do trabalho assalariado (trabalho assalariado versus capital); enfim, um tratamento detalhado das relações sociais, no decorrer da discussão do processo circulatório, é uma das características do Capítulo do Dinheiro dos *Grundrisse*. A mera listagem dos pontos mostra que os *Grundrisse* representam um ponto intermediário entre o Marx dos primeiros contatos com os economistas (o que culmina na *Miséria da Filosofia*) e o Marx crítico da economia política de *O capital*). Até aqui, nenhuma novidade e quase um truísmo cronológico. Chama a atenção, no entanto, o sem-número de conclusões avançadas sobre a natureza do capital, sobre a relação entre capital e dinheiro, sobre a natureza da mercadoria, contidas nos *Grundrisse*. Para não falarmos da familiaridade com uma imensa variedade de assuntos monetários – algo que salta aos olhos em *O capital*, mas que se manifesta em algum grau nos *Grundrisse*.

Em suma, no que se refere à teoria da moeda e ao conhecimento do debate monetário, muito do que se encontra em *O capital* encontra-se antecipado, de modo mais ou menos bem acabado, nos *Grundrisse*. A forma de exposição, naturalmente, é outra. Sistemática, em *O capital*; desarranjada, nos *Grundrisse*. E não nos referimos aqui ao estilo informal de escritos não voltados à publicação, e sim ao bem conhecido *tournant* efetuado por Marx em *O capital*: iniciar pela mercadoria e manter em suspenso (embora subentendido) o capital, assim como as categorias econômicas (preços de produção, taxa de lucros...) e os fenômenos econômicos (crises monetárias específicas, vicissitudes da moeda fiduciária, comércio internacional...) que dizem respeito ao capitalismo.

Em particular, se adotarmos a posição de que a familiaridade com a economia política tem que se expressar em familiaridade com seu ramo mais tradicional e avançado de reflexão – moeda, economia monetária –, não representa um exagero concluir que ao Marx dos *Grundrisse* a economia política é um campo de conhecimento familiar. Meio caminho andado, senão mais, para a crítica à economia política de *O capital*.

Valor e dinheiro nos *Grundrisse*: uma discussão contemporânea

Maria de Lourdes Rollemberg Mollo[1]

Em comemoração aos 150 anos dos *Grundrisse*, o objetivo deste artigo é mostrar sua importância para a discussão de questões atuais. De forma a cumprir esse objetivo, faremos uma análise de texto do capítulo sobre o dinheiro, discutindo, em primeiro lugar, no item 1, o valor e o dinheiro como formas sociais historicamente datadas, como relações sociais fundamentais do modo de produção capitalista, relacionadas com o seu caráter produtor de mercadorias.

Em seguida, no item 2, chamaremos a atenção para alguns aspectos que conduzem à complexidade da divisão social do trabalho se impondo por meio do valor e do dinheiro. Destacaremos, então, a importância dos movimentos dos valores e preços em torno de valores e medidas médias, dos processos de autonomização ou descolamento da circulação relativamente à produção, e de como esses processos são práticas reais necessárias, no capitalismo, em virtude do seu caráter produtor de mercadorias.

No terceiro item, tiraremos das análises anteriores algumas conclusões úteis para discutir questões teóricas ainda muito atuais. Entre elas destacamos para análise a questão de como essas formas sociais evoluem com o capitalismo; de como esse desenvolvimento reflete contradições características desse modo de produção; de como essa evolução não precisa implicar do ponto de vista lógico e por isso não implicou, de fato, do ponto de vista histórico, o dinheiro-mercadoria; e de por que a percepção do dinheiro e do valor como formas sociais do mundo das mercadorias torna discutível a concepção de socialismo de mercado.

Ao longo da nossa exposição, vamos destacando como a autonomização da circulação relativamente à produção vai explicitando a complexidade da divisão social do trabalho na economia capitalista, processo realizado de forma indireta e *a posteriori*, por meio do dinheiro. Entre as categorias de análise que mais permitem discutir esses assuntos está o capital fictício, que, por definição, surge como exemplo de autonomia da circulação relativamente à produção. Ele será analisado também no item 3, como um assunto que, embora não mencionado no capítulo do dinheiro dos *Grundrisse,* requer sua leitura para melhor compreensão.

O item 4, das considerações finais, conclui o artigo.

---

[1] A autora agradece ao CNPq, por financiar a pesquisa maior da qual esse trabalho é um dos frutos. A responsabilidade pelas ideias aqui colocadas é apenas da autora.

Valor e dinheiro como relações sociais

Em que pese seu estilo inacabado, de um texto não escrito para publicação, os *Grundrisse*, ao divulgar reflexões de Marx, foi e é fonte de inspiração e consegue com muito sucesso apoiar os leitores de hoje na discussão de assuntos específicos e atuais.[2] Em particular, no que se refere a valor e dinheiro, o tratamento de algumas questões, mais condensadas nos *Grundrisse* do que em *O capital*, parece-nos particularmente esclarecedor.

A definição, por exemplo, de dinheiro e valor como formas sociais específicas do capitalismo, dado o seu caráter produtor de mercadorias, é especialmente clara e conta com citações importantes.

Para Marx, sabemos, a compreensão de um modo de produção requer que nos dediquemos à análise dos processos de trabalho. Como processo por meio do qual os homens atuam e transformam a natureza para tirar dela seu sustento, os processos de trabalho são comuns a qualquer formação social. Os homens se organizam, porém, de formas diferentes nesses processos, e analisar as forças produtivas e as relações sociais de produção, assim como a articulação entre elas, é a maneira de definir e apreender a lógica de funcionamento e a evolução de um modo de produção.

Assim, nada mais adequado do que, no modo de produção capitalista, começar, como fez Marx, com o processo de trabalho na produção de mercadorias, desvendando-lhe o que é específico dele, uma vez que, conforme explicita na *Contribuição à crítica da Economia Política* e bem no início de *O capital* (MARX, 1971, p. 41),[3] no capitalismo a riqueza se apresenta como "uma imensa acumulação de mercadorias".[4]

A produção de mercadorias implica um processo de trabalho específico que, diferentemente dos processos de trabalho dos demais modos de produção, contém uma contradição importante: esses processos de trabalho

---

[2] Como destaca Arnon (1984), os *Grundrisse* e a *Contribuição à crítica da Economia Política* são trabalhos em que Marx cristaliza sua visão sobre a moeda. Krätke (2005), porém, em trabalho que discute a evolução do pensamento de Marx, afirma que ele se mostra muito crítico dos *Grundrisse*, em textos posteriores, em particular no que se refere ao método dialético.

[3] *O capital* será citado ora em português, pelo ano da edição e do número da página, ora em francês. Neste último caso, como os vários livros foram editados no mesmo ano, ao ano da edição seguir-se-á o tomo e o número da página. As observações entre colchetes ([ ]) serão nossas, para esclarecer algo da argumentação, o mesmo ocorrendo com a tradução da edição francesa.

[4] Ainda que se possa perceber mercadorias e dinheiro em outros modos de produção, em particular na transição do feudalismo para o capitalismo, é só no capitalismo que a produção de mercadorias se generaliza. Assim, se o valor e o dinheiro aparecem em outros modos de produção, não têm importância analítica para defini-los ou caracterizá-los. Isso faz com que a questão do valor e, com ela, a do dinheiro, só se coloquem como importantes no capitalismo.

são privados, aparentemente independentes uns dos outros e, no entanto, é preciso dividir socialmente o trabalho, uma vez que, na produção de mercadorias, todos são dependentes uns dos outros como compradores e vendedores.[5] Nesse sentido, diz Marx,

> É esta dependência recíproca e multilateral dos indivíduos, de resto indiferentes uns relativamente aos outros, que constitui sua conexão social. Essa conexão social se exprime no valor de troca; é somente nele que a atividade própria de cada indivíduo ou seu produto torna-se uma atividade e um produto para ele; é necessário produzir um produto universal: o valor de troca, ou, se se isola, ou se se individualiza, esse último, o dinheiro. De outro lado, o poder que todo indivíduo exerce sobre a atividade dos outros ou sobre as riquezas sociais existe enquanto ele possui valores de troca, dinheiro. Seu poder social, assim como sua conexão com a sociedade, ele carrega consigo, no seu bolso (Marx, 1980, p. 92).[6]

É nesse sentido que diz também que o valor é a "relação social" das mercadorias, sua "qualidade econômica" (G., p. 75).

É o tempo de trabalho socialmente necessário que é o conteúdo do valor, mas este precisa de uma forma de aparecimento, o dinheiro, para se representar socialmente. Assim, o dinheiro é "a forma na qual todas as mercadorias se igualam, se comparam, se medem, aquilo no que todas as mercadorias se resolvem, aquilo que se resolve em todas as mercadorias; o equivalente universal" (G., p. 77). A resolução de que fala Marx é a da contradição privado-social ligada ao trabalho, realizado de forma privada, mas sujeito a uma divisão social que ocorre apenas depois que ele foi efetuado, ou depois que a mercadoria foi produzida. Resolver a contradição privado-social não a elimina, mas permite que, apesar da sua existência, a sociedade produtora de mercadorias não possa ser vista como um caos. Há conexão, há a possibilidade efetiva de funcionamento, porque a divisão social do trabalho se faz. Ou seja, há uma forma de fazer a equivalência das mercadorias, de dividir tarefas e distribuir produtos do trabalho nessa sociedade, mesmo que, de forma complexa e indireta, por meio de um terceiro, o dinheiro, que é o equivalente geral.

A troca pressupõe a dependência recíproca, mas ao mesmo tempo o "isolamento completo" (G., p. 94) dos interesses privados. A solução da contradição, portanto, ocorre por meio da socialização de trabalhos privados, em que "o valor de troca é a forma social dos produtos" (G., p. 80); na qual

---

[5] As ideias sobre valor e dinheiro, aqui organizadas, estão presentes também em Rubin (1978); De Brunhoff (1973); Mollo (1991); Arthur (2005) e Murray (2005). Para uma comparação entre várias concepções marxistas de valor, ver Saad-Filho (2002).

[6] Essa edição francesa dos *Grundrisse* aparecerá neste texto daqui para frente como "G.", seguido da página relativa ao assunto citado.

troca e divisão social do trabalho se condicionam reciprocamente; e em que "é pela mediação da pressão recíproca da demanda e da oferta universais que se estabelece a conexão das pessoas indiferentes umas às outras (G., p. 94).

Ora, o valor expressa a qualidade de conversibilidade em outra que a mercadoria tem, de forma quantitativa, e essa quantidade é representada numa existência diferente da sua existência natural (G., p. 75). Assim, a mercadoria tem, "ao lado de sua existência natural, uma existência puramente econômica na qual ela é um simples signo, uma letra indicando uma relação de produção, um simples signo, seu próprio valor" (G., p. 76).

Várias são as transformações a ser operadas nesse processo de validação social dos trabalhos privados das mercadorias por meio do dinheiro (VALIER, 1982), permitindo a inserção social dos compradores e dos vendedores nesse tipo de sociedade. Trabalho concreto precisa se transformar em abstrato; trabalho qualificado em múltiplos de trabalhos simples; trabalho individual em socialmente necessário e trabalho privado em social. Ora, tudo isso só se faz nas trocas, por meio do confronto entre mercadorias. E tudo isso sem planejamento prévio, e por meio do dinheiro, que realiza a divisão social do trabalho.

Neste sentido, Marx diz que é a troca contra dinheiro que confere ao trabalho privado, particular, seu caráter universal. Assim, afirma que "o caráter social da produção só se coloca *post festum*, pela promoção dos produtos ao nível de valores de troca e pela troca desses valores de troca" (G., p. 109).

Assim, não basta que a equivalência entre mercadoria e dinheiro se faça apenas mentalmente, nem que as mercadorias se troquem entre elas, porque

> [...] essa comparação que, na cabeça se efetua num só golpe, não se realiza, na realidade, a não ser sucessivamente em um perímetro determinado pela necessidade. Assim, para realizar de um golpe a mercadoria como valor de troca e lhe conferir eficácia universal de valor de troca sua troca por uma mercadoria particular não é suficiente. É preciso que ela [a mercadoria] seja trocada contra uma terceira coisa que não seja ela mesma uma mercadoria particular, mas o símbolo da mercadoria como mercadoria, o valor de troca mesmo da mercadoria; que então *represente digamos o tempo de trabalho como tal*, digamos um pedaço de papel ou de couro que represente uma fração alíquota do tempo de trabalho (G., p. 79).

Marx completa esse trecho com uma frase importante entre parênteses, que diz que "(semelhante símbolo supõe que ele seja reconhecido universalmente; o que só pode ser um símbolo social; de fato, ele não exprime mais que uma relação social)" (G., p. 79).

Daí a grande importância que o dinheiro tem na produção capitalista de mercadorias, que determina sua inseparabilidade desse tipo de produção e sua evolução com o desenvolvimento dessa produção, buscando resolver, embora nunca as abolindo, as contradições envolvidas. As evoluções, segundo, Marx, não abolem as contradições, mas podem eliminar alguns defeitos (G., p. 57).

Antes de passarmos à complexidade da realização dessa divisão social do trabalho, algumas observações se fazem necessárias. Em diversos momentos do capítulo do dinheiro nos *Grundrisse*, mas também em *O capital*, Marx se refere à forma valor como a que serve ao modo de produção capitalista. Assim, não se trata de, analisando o valor e o dinheiro como formas sociais, desvalorizar a análise do capital como relação social que implica a exploração da força de trabalho.[7] Ao contrário, não é possível conceber a exploração da força de trabalho no capitalismo se ela não se tornar mercadoria, o que implica formas sociais específicas, como o valor e o dinheiro. Mais que isso, não é possível definir a mais-valia ou o mais valor sem o próprio valor, categoria relacionada à produção de mercadorias ou, como diz o próprio Marx, "relação social" delas (G., p. 75).

Isso não significa também ver a produção de mercadorias como um modo de produção anterior ao capitalismo porque, mesmo que se possa constatar o uso do dinheiro e do valor em sociedades pré-capitalistas, é só no capitalismo que essas formas sociais adquirem generalidade e tornam-se características que o definem como modo de produção. Além disso, no capitalismo podemos verificar o dinheiro se transformando em capital quando compra a força de trabalho e, para isso, precisa comprar ou já ter comprado os meios de produção, e podemos ver também o dinheiro se transformando em capital ao se mostrar valorizado ao final do ciclo completo de reprodução de capital. Contudo, o dinheiro que, nas mãos quer do trabalhador, quer do capitalista, compra pão ou outras mercadorias comuns não é capital, não define a circulação do capital, mas a circulação simples de mercadorias, dentro do próprio capitalismo.[8]

A complexidade da divisão social do trabalho por meio do dinheiro

A complexidade da divisão do trabalho realizada no capitalismo é destacada por Marx de várias maneiras, em várias obras e ocasiões. Nos *Grundrisse* isso se explicita na insistência em chamar a atenção para a importância das

---

[7] A teoria do valor como forma social é criticada por vezes como desvalorizando analiticamente a relação de exploração. Para uma crítica dessa teoria, ver Saad Filho (2002).

[8] Na verdade, a circulação simples de mercadorias e a circulação capitalista se encontram igualmente no capitalismo e se entrecruzam como uma malha de operações de compra e venda se encontrando em vários pontos. As observações de Marx em *O capital*, a nosso ver, destinam-se justamente a destacar as diferenças entre esses dois modos de circulação do dinheiro no capitalismo, em particular, buscam mostrar que não é qualquer dinheiro que é capital, mas apenas o que compra a força de trabalho e meios de produção.

medidas e dos valores médios, e na ênfase dada à autonomia e autonomização que se observa das variáveis da circulação com relação às da produção.

Logo no início do capítulo sobre o dinheiro nos *Grundrisse*, na crítica a Darimon, ele fala de diferenças entre valores, entre valores e preços e discute a importância das médias.

Diz ele, inicialmente, que "o que determina o valor não é o tempo de trabalho incorporado aos produtos, mas aquele que é atualmente necessário" (G., p. 69), ou num dado momento.[9] E que variam a produtividade do trabalho que produz mercadorias e que produz ouro ou prata (G., p. 70-71), assim, como valores e preços têm diferenças outras que a diferença entre valor real (tempo de trabalho) e valor nominal (em quantidade de dinheiro), concluindo que "o valor das mercadorias determinado pelo tempo de trabalho não é mais que o seu valor médio" (G., p. 71).

Além disso, "o valor de mercado difere sempre desse valor médio" (G., p. 72) e "a igualação do valor de mercado para chegar ao valor real se obtêm por oscilações constantes do valor de mercado e jamais pela sua igualação com o valor real com um terceiro dado, mas por contínua desigualdade ou como "negação do valor real" (G., p. 72).

Em outra passagem, diz que "o preço da mercadoria se situa constantemente acima ou abaixo do valor dela e o próprio valor das mercadorias só existe no alto e no baixo dos seus preços. Demanda e oferta determinam constantemente os preços das mercadorias; eles não coincidem jamais ou somente fortuitamente; mas seus custos de produção determinam por seu lado, as oscilações da demanda e da oferta". Observa-se, até aqui, a insistência, em poucas páginas, em listar todos os tipos de possibilidade de divergências entre valores e entre valores e preços.

Em seguida, Marx conclui que

> [...] supondo que os custos de produção da mercadoria e aqueles do ouro ou da prata permaneçam os mesmos, a alta ou a baixa de seu preço de mercado não significa nada mais que: uma mercadoria = x tempo de trabalho *comanda* constantemente no mercado > ou < de trabalho, se situa acima ou abaixo do seu valor médio, determinado pelo templo de trabalho (G., p. 72-73).

O termo "comanda", com grifo nosso, dá bem a ideia de trabalho comandado de Smith, no qual o trabalho incorporado precisa aparecer no mercado ou ver-se refletido naquilo que consegue comandar. As discussões de Marx com Smith, e as críticas que faz, não são quanto a isso, mas quanto à

---

[9] É num dado momento que aparece na versão em inglês dos *Grundrisse* (MARX, 1973).

122

falta de percepção de Smith de que é preciso um terceiro, socialmente eleito ou escolhido, para cumprir esse papel.

Assim, diz, por exemplo, que

> [...] ainda que o dinheiro não seja mais que o valor de troca destacado da substância das mercadorias e deva sua origem à tendência do valor de troca a se colocar de forma pura, a mercadoria não pode se transformar imediatamente em dinheiro; a atestação automática do quantum de trabalho realizado nela não pode lhe servir de preço no mundo dos valores de troca (G., p. 96).

Discute, em seguida, o papel do dinheiro como "penhor mobiliário da sociedade", em vista da sua "propriedade social (simbólica)" (G., p. 96). Ou seja, é a propriedade de representante social do trabalho que o dinheiro ganha nessas sociedades que lhe dá o papel de validador social dos trabalhos privados contidos nas mercadorias, mas isso não se faz de uma vez por todas porque, mesmo quando a moeda é ouro ou conversível em ouro, o valor do ouro em termos de trabalho muda, o trabalho nas condições médias e sociais muda, e assim é preciso que haja trocas permanentes e sistemáticas para que esses valores se estabeleçam.

A ideia que aparece, então, é a de um processo de tateamento social (BRUNHOFF, 1973), em que as mercadorias se confrontam umas com as outras por meio do dinheiro e veem refletido no dinheiro correspondente à sua venda ou no seu preço, o conteúdo de trabalho socialmente necessário que conseguem validar.[10] Como diz Foley (2005, p. 36), *the actual sale of commodities for maney tests the validity of the expectation that any particular labour expended is indeed social and necessary labour*.

Toda importância das unidades ou medidas médias aparece nessa interpretação, mas Marx é explícito sobre isso quando nos diz, desde o início do capítulo do dinheiro nos *Grundrisse*, que "a média, [...], não é para se desdenhar" (G., p. 66). Em *O capital* (MARX, 1971, p. 115), diz que "a possibilidade de divergência quantitativa entre o preço e magnitude de valor, [...] é [...] inerente à forma preço", destacando que "isto não constitui um defeito dela". Ao contrário, diz ele, "torna-a a forma adequada a um modo de produção, em que a regra só se pode impor através de média que se realiza, irresistivelmente, através da irregularidade aparente".

Em vários momentos do capítulo do dinheiro nos *Grundrisse*, Marx retorna a essa questão. Após discutir as divergências entre valores, entre valores

---

[10] O processo que estamos chamando de "tateamento social" embute processos como os de normalização, sincronização e homogeneização dos trabalhos descritos por Saad-Filho (1993).

e preços e destacar a importância das médias, critica a ilusão dos partidários dos bônus-horas (*time-chits*). A base da crítica é justamente o fato de não perceberem que a determinação do valor, em termos médios sociais, requer algo que represente socialmente o trabalho social, o que o bônus-hora não faz. A socialização só pode se dar, no capitalismo, via confrontação das mercadorias por meio do dinheiro em vista justamente do papel social que ele tem.

Para Marx, os partidários dos bônus-horas querem eliminar a diferença e a contradição efetiva entre preço e valor de troca, que não pode ser excluída sem que seja suprimida também a formação social à qual pertencem; querem eliminar as crises e os defeitos da produção capitalista sem destruir ela mesma.

Esse é também o tipo de crítica que faz aos que, não entendendo as contradições que definem ou caracterizam o capitalismo, procuram acabar com os seus problemas mudando algumas das suas formas, sem perceber que as formas se ajustam às próprias contradições e que elas são inseparáveis do capitalismo. Daí porque diz:

> [...] desse modo, (resolvendo a crise e igualando preço monetário a seu valor real; demanda a oferta; produção a consumo) a mercadoria seria transformada diretamente em moeda e em ouro e o dinheiro seria rebaixado, de seu lado, ao nível de todas as outras mercadorias (G., p. 73).

Ou seja, recusa-se a realidade para que caiba no modelo de análise, em vez de adequar a teoria para que consiga analisar a realidade como ela é, complexa e contraditória. É a complexidade do processo de divisão social do trabalho quando o mundo é de mercadorias que não se leva em conta nesse tipo de análise, complexidade que decorre do fato de que a divisão do trabalho se faz sem planejamento prévio, depois que o trabalho foi realizado de forma privada, ou seja, "*post festum*" (G., p. 109).

Quanto à autonomização da circulação relativamente à produção, ela aparece de diferentes maneiras. O dinheiro precisa surgir como exterior à mercadoria para representar trabalho social, mas, como exterior à mercadoria, torna a própria conversibilidade da mercadoria em dinheiro sujeita a condições externas.[11] A cisão da compra e da venda em atos separados espacial e temporariamente abre possibilidades de crises. A autonomização das trocas ou do comércio como função de comerciantes da produção faz

---

[11] "Dado que o dinheiro tem uma existência autônoma fora da mercadoria, o preço da mercadoria aparece como uma relação externa dos valores de troca ou das mercadorias com relação ao dinheiro; a mercadoria não é preço como ela era valor de troca em virtude da sua substância social; essa determinidade não coincide imediatamente com a mercadoria; mas é mediatizada pela comparação desta com o dinheiro. A mercadoria é valor de troca, mas ela tem um preço" (G., p. 128).

com que a produção trabalhe imediatamente para o comércio e só mediatamente para o consumo, tornando-se presa da incongruência entre comércio e troca para consumo que ela mesma gera. A autonomização do mercado mundial que se intensifica com o desenvolvimento das relações monetárias e estas com o crescimento do primeiro. A autonomia das relações sociais que se defrontam com os indivíduos aparentemente independentes, ou seja, "o conjunto de suas relações de produção recíprocas, promovidos à autonomia relativamente aos próprios indivíduos" (G., p. 101).

Vemos, portanto, que, além da complexidade relativa à divisão do trabalho fazendo-se *post festum*, depois de já realizado o trabalho; além dos valores médios serem importantes e só se definirem na circulação, há autonomia da circulação relativamente à produção. Essa, diga-se de passagem, é uma autonomia por diversas vezes mencionada por Marx em *O capital*, desde a separação dos atos de compra e venda, passando pelo crédito e lhe dando origem, e explicando o desenvolvimento do capital fictício.

Também nos *Grundrisse* ela é destacada, mas, tanto quanto em *O capital*, essa autonomia é sempre relativa, sendo seus limites estabelecidos pelas crises. Diz ele, a propósito, que "é absolutamente necessário que os elementos separados pela força, que em essência vão juntos, se manifestem por meio de explosões violentas como separação de algo que, essencialmente anda junto. A unidade se estabelece pela violência "(G., p. 84).

Complexa ou não, essa é a realidade quando se produz mercadorias sem planejamento prévio, porque é dessa forma que o trabalho privado despendido na produção se converte em trabalho social ao ser transformado no seu representante, conceito reconhecido pela sociedade, mesmo que de forma inconsciente.

Alguns debates atuais à luz dos *Grundrisse*

A questão da moeda inconversível

As análises até aqui realizadas do texto de Marx nos *Grundrisse* permitem uma apreensão do dinheiro e do valor na concepção marxista, que possibilita discutir algumas questões muito atuais. Vimos nos itens anteriores a percepção de Marx do valor e do dinheiro como relações sociais, como formas específicas de conexão social entre os homens no capitalismo, em virtude do seu caráter produtor de mercadorias. É porque o trabalho é realizado de forma privada, por produtores aparentemente independentes, que a divisão social do trabalho só pode ocorrer *a posteriori*, por meio do dinheiro, e é isso que dá ao dinheiro o poder social que ele tem nessas sociedades.

Constatamos ainda que o valor e o dinheiro operam de forma complexa para dividir socialmente o trabalho, depois que ele se realizou de forma privada, e essa forma de divisão social do trabalho nada mais é do que a imposição da lei do valor.

Percebemos, finalmente, que essa imposição se dá na média dos movimentos permanentes dos valores e preços; que tais diferenças são maiores do que meras diferenças entre variáveis reais e nominais; que decorrem de mudanças diversas na produtividade do trabalho; de variações de oferta e procura; e que o caráter exterior do dinheiro, como terceiro, socialmente escolhido para representar o trabalho social, permite defasagens, autonomias e descolamentos reais entre produção e circulação, que se desenvolvem no capitalismo.

Assim, as proporcionalidades, quando se estabelecem, só o fazem nas médias dos movimentos permanentes, ou de forma violenta, por meio de crises.

Diga-se mais, aqui, que tais descolamentos e autonomias da circulação relativamente à produção servem bem a um sistema que busca continuamente ultrapassar seus limites, explorando quem gera o valor novo, absorvendo mais lucros do que contribuiu para gerar, expropriando valores gerados por outrem, mas também eliminando o lastro em trabalho do dinheiro e desenvolvendo o crédito e o capital fictício.

Nessas circunstâncias, é fácil entender o dinheiro como mercadoria que perde historicamente sentido. Apesar disso, os críticos de Marx sempre usaram o fato de o dinheiro atual ser inconversível para argumentar em favor da ideia de que a concepção monetária de Marx não fazia mais nenhum sentido.

Do ponto de vista lógico, a conversibilidade-ouro da moeda só se faz necessária se houver uma preocupação em dourar o capitalismo, garantindo-lhe igualdades que ele não tem nas suas raízes, por meio da proporcionalidade direta e estrita entre trabalhos contidos nas mercadorias e trabalhos contidos no ouro como dinheiro.

Esquece-se, porém, nessa interpretação, de todo o lado social do confronto entre as mercadorias intermediado por um terceiro; o confronto que decorre exatamente da dificuldade e impossibilidade de se estabelecer o valor-trabalho do ouro e das mercadorias a cada momento, a não ser checando de foram indireta permanentemente umas mercadorias com as outras por meio da conversão efetiva em dinheiro; todo o processo de reconhecimento social do próprio dinheiro para cumprir esse papel. É a realidade dos movimentos médios e das autonomias da circulação relativamente à produção que fica esquecida quando se insiste na necessidade de, do ponto de vista lógico, manter o dinheiro-mercadoria. Mais que isso, é a própria realidade histórica do dinheiro inconversível que se esquece.

Quanto à insistência na proporcionalidade necessária, diz Marx,

> [...] quando se pressupõe cumpridas as condições nas quais o preço das mercadorias = seu valor de troca; coincidência entre oferta e demanda; da produção e do consumo; em última análise *produção proporcional* (relações de distribuição são elas próprias relações de produção), a questão do dinheiro torna-se de todo secundária, e em particular a questão de saber se se emite *tickets*, se eles são azuis, verdes, em ferro branco ou de papel, ou ainda sob que forma se mantém a contabilidade da sociedade (G., p. 88).

Os termos em itálico são de Marx no original, criticando a ânsia por proporcionalidade num sistema que a burla constantemente. Os termos sublinhados são nossos, para indicar quão longe se está da percepção do que a realidade capitalista é. Ou seja, o secundário, no dinheiro, é o lastro que garante a proporcionalidade direta entre quantidades de trabalho médias, de resto desconhecidas a não ser *post festum*. O fundamental é o seu papel social, de "penhor mobiliário da sociedade" (G., p. 96), mesmo inconversível.

Sem dúvida a inconversibilidade do dinheiro muda a forma como a lei do valor se impõe, e mesmo a complexidade de tal imposição, embora continue como já era, fazendo-se por meio de tateamentos sociais e de crises que apuram divergências e impõem mudanças de forma violenta.

Vale aqui retomar a preocupação de Marx, também nos *Grundrisse*, de mostrar que o entendimento de como se dá, de fato, a divisão social do trabalho no mundo das mercadorias é "indispensável" para conhecer os limites no interior dos quais as reformas monetárias e as transformações na circulação podem dar uma configuração nova às relações de produção e às relações sociais que lhe caracterizam.

A preocupação com o conteúdo do trabalho do ouro, nessas circunstâncias, por um lado esquece que, mesmo quando a moeda é ouro, não é possível pensar em uma imposição da lei do valor que se dá pelo mero confronto de produtores individuais com produtores de ouro, porque, na boca da mina, o ouro tem um valor em termos de conteúdo de trabalho que não é o socialmente necessário.

É o caso, por exemplo, Quando Germer (2005, p. 29), defendendo a moeda-mercadoria como necessária, diz que

> *[...] the need to convert commodities into something that expresses the social labour they contain, in opposition to the labour actually applied in each individual case, presents itself as a demand pertaining to the internal logic of the system without which there would be no way to correct the inevitable deviations that are due to the anarchic nature of mercantile production [...]*

Esse argumento desconhece que divergências e desproporcionalidades existem mesmo quando a moeda é mercadoria. Desconhece, por exemplo, que o próprio ouro é produzido em condições diferentes nas várias minas, não necessariamente representando o conteúdo de trabalho socialmente necessário, ou seja, nas condições médias sociais de produção e, nesse caso, não poderia, como diz adiante Germer, expressar o conteúdo de trabalho social que ele contém. Por outro lado, o aparecimento histórico do ouro como dinheiro é uma tentativa social nesse sentido, que desaparece historicamente, em parte em vista das dificuldades apontadas, em parte porque a lógica do sistema procura se desgarrar da equivalência para apropriação maior de valor, objetivo do capitalismo. Assim, essa interpretação procura o equilíbrio entre produção e circulação, a proporcionalidade criticada acima pelo próprio Marx, desconhecendo que ela não é objetivo desse modo de produção nem característica sua.

O que faz com que Marx diga que a mercadoria-ouro é diretamente social, é o reconhecimento social que ele tem como representante do trabalho social, mas isso independe de quanto trabalho foi envolvido na produção do metal. Daí porque Murray (2005, p. 50), citando Marx, menciona que para ele *"value was strictly a 'social substance', 'a phantom like-objectivity', a congealed quantity of 'socially necessary' 'homogeneous human labour' of a particular social sort [...]"*. Outra forma de analisar isso é como faz Arthur (2005, p. 114), quando destaca que *"value is a purely social reality, and it emerges from commodities relations"*. Segundo ele, o dinheiro, o ouro ou uma representação escrita é a única maneira de tornar presente o valor, de fazer o valor aparecer, já que ele não é uma coisa intrínseca à mercadoria.

A questão do socialismo de mercado

Outra conclusão merece destaque aqui, com base nesses textos de Marx. Vimos que o dinheiro é o validador social das mercadorias ou dos trabalhos privados nelas contidos, adquirindo por isso enorme poder social no capitalismo, dado seu caráter produtor de mercadorias, porque essa é a forma de inserção social dos indivíduos nesse tipo de sociedade. Os trabalhadores precisam vender sua força de trabalho como mercadoria, os capitalistas precisam vender as mercadorias produzidas por trabalhadores por ele contratados para realizar lucro, e tanto trabalhadores quanto capitalistas precisam comprar e, para isso, vender mercadorias. Daí porque Marx pode dizer que os indivíduos carregam seu poder social e sua conexão social no bolso (G., p. 92).

Nada mais crítico, a esse respeito; sabemos que o trecho sobre o fetichismo das mercadorias, no primeiro capítulo de *O capital*, no qual Marx chama a atenção para as características de um modo de produção em que "a relação entre produtores assume a forma de relação social entre os produtos do trabalho", está também nos *Grundrisse*, na parte em que diz que a independência pessoal se funda na dependência das coisas (G., p. 94).

Também nos *Grundrisse* Marx afirma, como já vimos, que o dinheiro funciona como "penhor mobiliário da sociedade" (G., p. 96), e ainda: "mas ele só é isso em virtude de sua propriedade social (simbólica); ele só pode possuir uma propriedade social porque os indivíduos *alienaram sua própria relação social, fazendo dela um objeto*" (G., p. 96, grifo nosso).

Diz ele que essa conexão social por meio do dinheiro ou de "coisas neutras" é "preferível à ausência de laços entre os indivíduos ou a um laço exclusivamente local fundado na estreiteza dos laços de sangue originais e sobre relações sociais de dominação e servidão" (G., p. 98). Mas ele completa dizendo que "é inepto conceber essa conexão que não é mais que uma conexão entre coisas, como sendo a conexão natural *(em oposição ao ser e ao querer refletidos) imanentes à natureza da individualidade e indissociável dela*" (G., p. 98, grifo nosso).

Ao contrário, sabemos, o dinheiro como relação social é uma forma de conexão historicamente datada, que pressupõe a produção na base de valores de troca, que começa "por produzir com universalidade a alienação do indivíduo relativamente a si mesmo e aos outros, mas produz também a universalidade e o caráter multilateral de suas relações e atitudes" (G., p. 98).

Ora, essa não é, ou não deveria ser, a forma de conexão social ou de relação social do socialismo porque, como também deixa claro Marx nos *Grundrisse*, tal relação do mundo das mercadorias como relação "recíproca de indivíduos como poderio acima dos indivíduos, tornada autônoma [...] é o resultado necessário de que o ponto de partida não é o indivíduo social livre" (G., p. 135), como deveria ser no socialismo. É o ser e o querer refletidos e respeitados (conforme grifamos acima na frase de Marx), que se quer no socialismo, razão pela qual não é possível alienar suas relações sociais, fazendo delas um objeto. Assim, também para discutir e criticar a ideia de socialismo de mercado, esses trechos dos *Grundrisse* se prestam e se mostram atuais e úteis.

Não há dúvida de que, numa sociedade desenvolvida, há dificuldades para o planejamento das atividades, mesmo quando o sistema de produção é o socialista. Essa parece ser uma das razões pelas quais o dinheiro continuou a ter funções no socialismo real, mesmo que algumas atividades centrais fossem planejadas[12].

Essa também parece ser uma das razões para a proposta de socialismo de mercado, em que "*a socialist money could continue to play significant economic role even in a planned socialist society based on free association*" (ITOH; LAPAVITSAS, 1999, p. 248). A essa razão eles acrescentam que o socialismo de mercado pode prevalecer longos períodos fundado na "natureza extrínseca do dinheiro e do mercado", extrínseca relativamente às relações de produção no processo de trabalho, funcionando como formas de coordenação entre organizações comunitárias independentes, firmas e consumidores individuais. Reconhecem, além disso, que o dinheiro teria importante papel social sem criar problemas para o socialismo.

Curioso é notar que a argumentação dos autores, que se segue a essa proposta, começa justamente com o "dinheiro-trabalho", como os bônus-horas criticados por Marx. Dizem, todavia, que estão encarando "*money and commodities as forms of circulation that arise at the point of contact of communities and are unrelated to the underlying relations of production*" (ITOH; LAPAVITAS, 1999, p. 249).

Ora, essa percepção, em primeiro lugar, só se justifica porque, seguindo as ideias de Uno, os autores concebem a produção de mercadorias como tendo ocorrido em outros modos de produção. Conforme já mencionamos, em modos de produção anteriores, os significados do valor e do dinheiro eram outros, até porque vender e comprar não era uma obrigatoriedade dentro da lógica de funcionamento econômico desses e, por isso, a questão do valor e do dinheiro não se colocava como modo de socialização fundamental. Dito de outra forma, se no feudalismo havia sobra de produção e esta não era trocada ou vendida, isso não abalava o funcionamento do sistema nem comprometia a inserção social dos responsáveis por ela. É completamente diferente do que ocorre numa sociedade regida ou coordenada pelo valor e pelo dinheiro porque a inserção social das pessoas passa a se fazer de forma indireta, fora do seu controle e consciência.

Dizem ainda que, se capital e terra fossem detidos socialmente, e trabalho fosse diretamente social, seria possível, na prática, usar o dinheiro-trabalho.

---

[12] Ver, por exemplo, o trabalho de Carcanholo e Nakatani (2007) sobre Cuba a esse respeito.

Ora, se o trabalho é diretamente social, isso significa que já foi igualado, divididas as tarefas e distribuídos os produtos dele entre os participantes da sociedade. Qual o sentido do dinheiro então? Mero meio de circulação. Esse não é, todavia, o dinheiro e o mercado tal como foram definidos e, se o sistema social do qual tratamos já estabeleceu critérios de distribuição prévios, por que chamá-los de sistema *de mercado*?

Mais curioso ainda é notar que, referindo-se ao dinheiro-trabalho de Owen, dizem que ele faz questão de frisar que não se trata de produção de mercadorias. Ora, se a produção não é de *mercadorias* para que falar de mercado ou de socialismo *de mercado*?

Mais adiante, referem-se à complexidade da determinação do trabalho socialmente necessário no socialismo real, mas referem-se a Rubin, criticando-o porque não explica direito como ele é determinado. Ora, Rubin trata do capitalismo, expõe conforme expusemos aqui a forma complexa como o trabalho se divide no capitalismo, mas essa não é, ou não deveria ser, aceita para a divisão do trabalho no socialismo, justamente porque essa forma de socialização não se encontra sob controle e consciência da sociedade, o que nos leva ao início da nossa crítica. Esse retorno nos leva a pensar que, embora Itoh e Lapavitsas tenham insistido que a produção não é de mercadorias e que o dinheiro é mero direito à parte do trabalho social já dividido previamente, é a divisão prévia do trabalho que resta a ser feita. Esta não pode ser feita, insistimos, por meio de coisas, nem de forma inconsciente, por maior que seja sua complexidade, ou retornamos a alguns dos problemas do capitalismo.

Em texto conclusivo, Itoh e Lapavitsas, apesar de perceberem essa necessidade de consciência no processo de socialização dos trabalhos, associam de forma estreita o socialismo com um mercado relativamente livre, levando a crer que, na proposição de socialismo que fazem, o mercado é mais do que uma questão de inadequação de termo. Dizem, a esse respeito, que "*as well as a relatively freely operating market, a socialist market economy might contain the socially planned distribution of goods and services (under controlled prices) in the áreas of economic activity in which conscious management would be deemed desirable*" (ITOH; LAPAVITSAS, 1999, p. 256, grifo nosso).

A noção de capital fictício e a autonomia relativa da circulação relativamente à produção

Além da atualidade dos *Grundrisse* para discutir as questões da moeda inconversível e do socialismo de mercado, nada mais atual, para mostrar a importância dessas ideias de Marx ainda hoje, que falar do capital fictício. Essa não é uma ideia que está nos *Grundrisse*, mas desenvolve-se de forma esparsa e desorganizada no Livro III de *O capital*. Entretanto, sua definição e o tratamento dado por Marx ao capital fictício dependem estreita e fundamentalmente dessas ideias de divergências entre valores, entre valores médios e individuais, entre valores e preços, e da noção de autonomia, embora sempre relativa, da circulação com relação à produção no capitalismo.

De fato, Marx define o capital fictício em contraposição ao capital real. Enquanto o capital real, no processo de produção, por meio da exploração da força de trabalho, gera mais valia que garante sua própria expansão, o capital fictício é analisado como aquele que surge quando o sistema de crédito se desenvolve, porque com ele o capital parece dobrar, triplicar, graças ao fato de que o mesmo capital aparece de diversas maneiras, em várias mãos.

Apesar de surgir e se desenvolver com o aumento do crédito, o capital fictício não é o crédito em si mesmo. O crédito, usado pelo capitalista industrial, potencializa a produção apressando e aumentando a sua escala e permitindo a geração maior de mais-valia.

O capital fictício, ao contrário, surge quando o crédito está desenvolvido, e suas operações difundidas suficientemente para que "toda renda em dinheiro determinada e regular apareça como juros de um capital, seja essa renda proveniente ou não de um capital" (MARX, III, p. 430). Fruto de "capitalização" como diz Brunhoff (1990), esse não capital é dito fictício porque, sem passar pelo processo de exploração, não há como gerar valor novo maior. Daí porque Marx diz que "capital produtor de juros só produz juros verdadeiramente na medida em que o dinheiro emprestado é efetivamente convertido em capital e um excedente produzido, do qual o juro é uma parte" (MARX, III, p. 364). Com o capital fictício, ao contrário, as coisas são diferentes: "Primeiro se transforma o dinheiro embolsado em juros e quando se tem os juros se acha em seguida [por cálculo de capitalização] o capital que o produziu" (MARX, III, p. 430).[13]

Esse cálculo deixa de ser um mero exercício contábil quando papéis adquirem uma forma transmissível, como é o caso dos títulos da dívida pública, das ações negociadas em bolsa e, mais recentemente, dos derivativos e dos demais produtos financeiros negociados.

---

[13] Essa não é uma opinião unânime dos leitores de Marx. Nossa opinião a esse respeito é mais próxima da de Foley (2005, p. 45), para quem *"loans to productive capitalists are 'real capital'* [...] enquanto o valor das ações que depende expectativas de dividendos capitalizados é grandemente capital fictício.

Não se trata de pura ilusão, uma vez que tais papéis enriquecem e empobrecem pessoas (Mollo, 1989), mas se trata de um conjunto de papéis cuja valorização não ocorre com relação direta com a produção de valor e mais-valia. Podem ser somas de dinheiro correspondentes a empréstimos que não se destinaram à produção, podem ser títulos ou ações cuja valorização ou desvalorização não esteja de acordo com a movimentação de valor do capital real que lhe deu origem, como é o caso dos valores nas bolsas, nas negociações secundárias de valores.

Trata-se, assim, de um exemplo de preços sem relação com valores, de caso de autonomia da circulação relativamente à produção. O que torna possível essa autonomia é explicado por Marx, como vimos, nos trechos citados dos *Grundrisse* e de *O capital*, quando menciona o dinheiro como algo exterior e separado da mercadoria, permitindo que, na forma preço, não apenas haja divergências entre preços e valores, mas que os preços deixem de ser expressões dos valores (Marx, 1971, p. 115). As compras separadas das vendas e o crédito ampliando tal separação são também formas de ver a autonomia da circulação com relação à produção. Essa autonomia adquire grau ainda maior como o capital fictício que se valoriza sem passar pela produção de mais-valia.

Essa autonomia, característica de uma forma de articulação social "promovida à autonomia relativamente aos próprios indivíduos" (G., p. 101), todavia, é limitada, ou relativa, ou a lei do valor não se imporia nunca, perdendo o seu sentido lógico e histórico. Assim, embora a autonomia permita que o capital fictício exista historicamente e faça sentido do ponto de vista lógico, os limites a essa autonomia precisam se impor e se impõem, mesmo que por meio de crises. Com elas estamos, de novo, de volta à necessidade de unidade entre etapas de um mesmo processo social ou, como vimos o que dizia Marx nos *Grundrisse*, "é absolutamente necessário que os elementos separados pela força, que em essência vão juntos, se manifestem por meio de explosões violentas como separação de algo que, essencialmente, anda junto. *A unidade se estabelece pela violência* "(G., p. 84). O grifo é nosso para destacar a necessidade lógica, que nos ajuda a entender o que a História nos mostra com a crise atual.

A ligação entre a circulação e a produção existe no desenvolvimento do capital fictício porque, apesar de não haver relação direta e proporcional entre os preços dos títulos que representam o capital real e este último, existe de forma indireta, uma vez que as rendas que compram títulos e ações nos mercados financeiros, e que são responsáveis por sua valorização, provêm do processo produtivo. Assim, a valorização do capital fictício precisa dessas rendas para ter continuidade.

A compra de capital fictício, que significa preço sem respaldo ou lastro em valor, significa renda que falta para validar socialmente trabalho privado contido em outras mercadorias (MOLLO, 1989). Enquanto a autonomia persistir, em vista do crédito que permite tais compras, a acumulação flui e pode até ser estimulada pelo movimento de emissões primárias de ações em meio ao período de euforia. Esses recursos faltarão, porém, para comprar mercadorias e para estimular o crescimento do capital real. Nesse sentido é que é possível falar de punção de recursos que o capital fictício exerce, recursos provenientes da esfera real da acumulação de capital. Isso por si só pode dar origem a problemas de pontos de estrangulamento e desproporções que impedem ou dificultam o processo de acumulação.

Brunhoff (2005, p. 220) diz, a esse respeito, que *"the contemporary capitalist credit system is not free from the 'monetary constraint', which is inherent in commodities trade"*, além de sugerir uma *"analysis of the role that a 'law of value' plays in determining the conditions limiting the operations of international capitalism today"*.

Quanto mais amplo e desenvolvido o sistema de crédito, como é o caso na economia globalizada atual, em que a liberalização do movimento de capital articulou grande parte dos mercados nacionais de crédito, mais dinheiro há para aquisições de títulos e ações nos mercados de crédito globalizados, e maior pode ser, por isso, a valorização desses títulos e mais tempo pode durar a euforia. Maior pode ser, assim, a divergência entre preços dos títulos e ações, relativamente aos capitais reais que lhes deram origem. Mas se tais recursos aplicados nos mercados financeiros não voltam à produção, como é o caso, por definição, do capital fictício, faltarão rendas para continuar comprando, e é o valor do próprio capital fictício que acaba por cair, por vezes, de forma brutal e generalizada, como é o caso nas crises como a atual.

Considerações finais

Vimos que a imposição da lei do valor, a equivalência e divisão de tarefas e produtos do trabalho, ou a divisão social do trabalho no capitalismo, na leitura feita aqui, é complexa, porque é feita *a posteriori*, depois que os trabalhos foram realizados. Isso, vimos também, faz parte das contradições que definem o modo de produção capitalista, em particular, nesse aspecto, da contradição privado-social ligada ao trabalho nesse tipo de produção.

Mesmo quando o dinheiro era ouro, que continha determinada quantidade de trabalho realizado na sua produção, essa complexidade existia, porque o que garantia a realização do trabalho privado na boca da mina, por onde a moeda entrava em circulação, era o reconhecimento social do ouro como representante social do trabalho, reconhecimento que garantia seu papel de equivalente geral e, por isso, permitia que validasse socialmente os trabalhos privados contidos nas mercadorias. Isso era assim porque nada garantia que o trabalho contido no ouro fosse igual em todas as minas e muito menos trabalho igual ao socialmente necessário (nas condições médias sociais de produção). Daí a necessidade de Marx trabalhar, já naquela época, com as médias dos movimentos permanentes.

Quando o dinheiro perde inteiramente o lastro em trabalho, como ocorre hoje, por outro lado, essa imposição da lei do valor fica ainda mais complexa, mas isso não elimina o seu papel. O produtor da mercadoria, ao vendê-la, ou ao trocá-la por dinheiro, valida socialmente o seu trabalho privado, na proporção do que conseguiu na venda. Contudo, no agregado, o processo de produção é que gera as rendas a ser distribuídas. Assim, o que algumas mercadorias conseguem validar como trabalho socialmente necessário a mais do que o efetivamente contido necessariamente será compensado com o conteúdo de trabalho não validado de outras mercadorias. A acumulação desse tipo de divergência sistemática implica desproporções que não conseguem se desenvolver permanentemente e estão na base de crises, que nada mais são do que as erupções violentas das quais falava Marx, que acabam por apurar e eliminar, de forma brutal, tais divergências.

Como a quantidade de dinheiro depende hoje mais dos Bancos Centrais do que antes, pode-se dizer que há maior fluidez da circulação, e isso pode tornar o sistema mais predisposto à inflação. Mesmo neste caso, porém, a inflação é a forma da crise que mostra a imposição brutal da lei do valor (SAAD-FILHO; MOLLO, 2002).

Além da inflação, porém, existem outras formas de crise que aparecem *a posteriori* para impor a lei do valor. Os bancos, quando emprestam, criam moeda de forma privada. Como a moeda criada é privada, a compra de mercadorias com ela é apenas antecipação da validação dos trabalhos privados (BRUNHOFF, 1973, 1974; LIPIETZ, 1983). Quando o Banco Central sanciona tal criação privada de moeda pelos bancos, também aí a validação social não se completa, porque o Banco Central é parte da sociedade, ainda que hierarquicamente superior por ser público. Mas seu caráter público não se confunde com aval social ou possibilidade de validação social das mercadorias. Assim, ele tateia ao intervir nas dinâmicas monetárias, por não ter a onisciência nem o controle da dinâmica monetária que implica a sociedade como um todo. Tateia entre fornecer liquidez para estimular a acumulação do capital e a necessidade de garantir o reconhecimento social da moeda como equivalente geral, ameaçado por fugas diante da moeda. Se exagera de um lado, provoca fuga diante da moeda. É a inflação como forma de crise, anunciada pelas crises cambiais. Se exagera do outro, temos a acumulação de capital freada e a deflação como forma tomada pela crise. Nesse sentido, quando Foley lamenta que, com o desaparecimento da ligação institucional com o ouro, *"we seem to be left with no Marxist theory of the commodity value of national currencies, a lacuna that makes itself sorely felt in a world in which struggles over inflation and the value of national currencies play a central political economic role"* (FOLEY, p. 43), o que ele esquece é exatamente a lei do valor se impondo, de forma diferente de como se impunha na época de Marx, mas de forma tão complexa como ele a havia analisado.

É essa forma indireta, cega para os problemas que cria para os indivíduos em vista da sua falta de definição consciente sobre o que produzir, para quem, de que maneira e segundo que critério, que, entre outras coisas, está na base do processo de exploração e se critica no capitalismo. As relações sociais, como disse Marx, parecem se autonomizar, "os indivíduos dependem de abstrações" (G., p. 101) em vez de dependerem de vontade própria para decidir seu presente e seu futuro. É isso que não se quer repetir no socialismo, como sistema que liberta e no qual "a livre individualidade [acha-se] fundada no desenvolvimento universal dos indivíduos e na subordinação de sua produtividade comunitária". Esta última sociedade, conforme Marx, "não tem nada de arbitrário" (G., p. 94), ou não deveria ter.

Finalmente, as crises financeiras como as atuais mostram que, apesar da complexidade de imposição da lei do valor, ela acaba por se impor, mesmo que "em última análise", como diz Brunhoff (1973, p. 91), apurando divergências entre coisas que têm preços mas não valores, mesmo que de forma drástica e violenta e punindo quase sempre os que menos responsabilidade têm pela autonomização da circulação relativamente à produção, como convém a um sistema em que os homens se relacionam por meio das coisas. E para tudo isso não há necessidade de que haja uma moeda-mercadoria.

Referências

ARNON, A. Marx's theory of Money: the formative years, *History of Political Economy*, 16:4, 1984.

BELLOFIORE, R. *The monetary aspects of the Capitalist Process in the Marxian System: An Investigation from the point of view of the Theory of the Monetary Circuit.* Fred Moseley (Ed), *op.cit.*, 2005.

BRUNHOFF, S. de *La Politique Monétaire – um essai d'interprétation marxiste*. Paris: Presses Universitaires de France. 1973.

BRUNHOFF, S. de Fictitious Capital, J. Eatwell, M. Milgate & P. Newman (Eds.) *Marxian Economics – The New Palgrave Dictionary*, New York/London: Macmillan. 1990.

BRUNHOFF, S. de *Les Rapports d'Argent*. Grenoble: Presses Universitaires de Grenoble/ François Maspéro. 1974.

CARCANHOLO, M; NAKATANI, P. A planificação socialista em Cuba e o grande debate dos anos 1960. *Revista Outubro, Junho*. 2007.

FOLEY, D. *Marx's Theory of Money in historical perspective*. Fred Moseley (Ed), *op.cit.*, 2005.

GERMER, C *The commodity nature of money in Marx's Theory*. Fred Moseley (Ed), *op.cit.*, 2005.

ITOH, M. ; LAPAVITSAS, C. Political Economy of Money and Finance. London: Macmillan Press Ltd. – New York: St. Martin's Press. 1999.

KRÄTKE, M. R. Le dernier Marx et le *Capital*. Actuel Marx, n. 37, p. 145-160. 2005.

LIPIETZ, A. *Le monde enchanté: De la valeur à l'envol inflationniste*. Paris: La Découverte. 1983.

MARX, K. *Manuscrits de 1857-1858 ("Grundrisse")*. Paris: Editions Sociales. 1980.

MARX, K. *Grundrisse der Kritik der Politischen Ökonomie - Outlines of the Critique of Political Economy*. London: Penguin. 1973.

MARX, K. O c*apital*, v. I . Rio de Janeiro: Civilização Brasileira. 1971.

MARX, K. *O capital*, v. III , Rio de Janeiro: Civilização Brasileira. 1974.

MOLLO, M. L. R. . *Monnaie, valeur et capital fictif*. Thèse de Doctorat. Nanterre: Université de Paris – X. 1989.

MOSELEY, F. *Marx's Theory of Money – Modern appraisals*. London and New York: Palgrave Macmillan. 2005.

MURRAY Money as displaced social form: Why value cannot be independent of price. Fred Moseley (Ed), *op.cit.*, 2005.

RUBIN, I . (1978): Abstract labour and value in Marx's System. *Capital & Class*, n. 5, Summer.

SAAD-FILHO, A. (2002). *The value of Marx*. London /New York: Routledge.

SAAD-FILHO, A. (1993). Labor, money, and "labour-money": A review of Marx's Critique of John Gray's Monetary Analysis. *History of Political Economy* 25:1.

SAAD-FILHO, A.; MOLLO, M. L. R. (2002). Inflation and stabilization in Brazil: a political economy analisys. *Review of Radical Political Economics*, 34 (2002): 109-135.

VALIER, J. (1982).*Une critique de l'economie politique*. Paris: Maspero.

Darimon, bancos e crédito: notas sobre os *Grundrisse* e a transição para o socialismo[1]

Eduardo da Motta e Albuquerque

Os *Grundrisse* são um ponto de partida para uma avaliação de contribuições de Marx para uma elaboração atual sobre bancos, sistema de crédito e transição ao socialismo.

Discussões que relacionam esses três tópicos estão presentes nos *Grundrisse*. A crítica de Marx ao livro de Alfred Darimon, *De la réforme des banques*, publicado em 1856, abre o capítulo sobre o dinheiro nos Manuscritos de 1857-1858.

A escolha do livro de Darimon como abertura do capítulo inicial dos *Grundrisse* não deve ter sido aleatória, na medida em que *De la réforme des banques* é uma excelente síntese do estágio da elaboração dos proudhonianos sobre bancos e crédito, o que permite a Marx realizar uma crítica abrangente de propostas socialistas aparentemente populares em seu tempo. A profusão de propostas de reformas de bancos, por sinal, é muito bem apresentada e discutida por Darimon. No seu livro, Darimon discute sete diferentes propostas de reforma bancária, antes de apresentar a proposta de "*la banque du peuple*", cujo autor é Proudhon (1849) – embora ele não seja citado por Darimon.

Bancos e crédito têm papel importante em outras propostas socialistas da primeira metade do século XIX, como a de John Gray (1831) e de autores saint-simonianos, como J. Péreire (1832), autores e personagens que também são comentados por Marx nos *Grundrisse*.

Os temas "bancos", "crédito" e "socialismo" são tratados por Marx de forma típica, para todos os familiarizados com a sugestão de Lênin sobre as "três fontes" de seu pensamento, na medida em que combina o diálogo e a crítica de propostas socialistas (no caso aqui o socialismo francês, de Proudhon e Saint-Simon, é central) com a sua apreensão crítica da economia política clássica. No caso da discussão relacionada a bancos e a crédito, Marx indica os problemas teóricos subjacentes aos pontos questionados.

---

[1] Artigo baseado no roteiro de uma apresentação no Seminário *150 anos dos Grundrisse*, realizado no Cedeplar, nos dia 14 e 15 de outubro de 2008. Agradeço os comentários dos participantes, as indicações de Hugo Eduardo da Gama Cerqueira sobre como encontrar obras comentadas por Marx na internet e aos participantes do Grupo de Pesquisa sobre Economia Política Contemporânea. Agradeço ao apoio financeiro do CNPq e da Fapemig. Os erros são de responsabilidade exclusiva do autor.

Dessa forma, o debate de propostas socialistas serve como indicador da complexidade da tarefa, desde o ponto de vista teórico-programático, colocada para os críticos do capitalismo. Nos *Grundrisse* são destacados os problemas relacionados à incompreensão dos socialistas contemporâneos sobre a natureza do dinheiro, do crédito, dos juros, problemas que, de certa forma, estimulam a própria elaboração de Marx.

O resultado é um enorme avanço da elaboração teórica de Marx, que – como explicou Rosdolsky – pode ser acompanhado na leitura dos *Grundrisse*. Nesses avanços, pôde Marx desenvolver diversos temas e abordagens sobre dinheiro e crédito de uma forma que não foram mais utilizados em sua obra – pelo menos de uma forma tão explícita –, mas que são muito úteis para alguns debates contemporâneos, em especial uma elaboração sobre a dinâmica histórica e as metamorfoses do dinheiro. Tema, aliás, importante para a compreensão de elementos do capitalismo atual e para a elaboração de propostas para a sua superação.

Em sua obra clássica, Rosdolsky aponta que, nos *Grundrisse,* Marx critica as "quixotadas" dos socialistas de seu tempo e oferece elementos de um método para tratar a transição ao socialismo: a identificação de "germes visíveis" da nova sociedade, presentes na dinâmica da sociedade capitalista. Segundo Rosdolsky, essa nova sociedade pode ser discutida não com base em "novos ideais", mas na medida em que se possam descobrir "já visivelmente germes dessa nova formação na história transcorrida até agora e em suas tendências evolutivas" (1968, p. 457).

Essa sugestão de Rosdolsky introduz o tema deste capítulo: quais os elementos do desenvolvimento do sistema de crédito podem ser "germes visíveis" para uma transição ao socialismo? Para tratar dessa questão, há uma pergunta preliminar: qual o papel do crédito na dinâmica capitalista?

Para essa discussão, este capítulo acompanha pontos importantes da trajetória de Marx desde o início dos *Grundrisse* até as páginas finais do terceiro volume de *O capital*. Nessa trajetória, Marx parte – nos *Grundrisse* – da crítica a Darimon e chega – em *O capital* – a uma afirmação enfática mas aberta: o sistema de crédito como uma "poderosa alavanca" na transição ao socialismo.

Ponto de partida nos *Grundrisse,* ponto de chegada em *O capital,* a discussão sobre bancos, crédito e sistema financeiro tem papel importante em uma eventual retomada de discussões teórico-programáticas relacionadas à superação do capitalismo. Discussão plena de controvérsias ao longo do século XX, desde o debate entre Rosa Luxemburgo e Bernstein até o debate sobre o *voucher-socialism* nas páginas da *New Left Review*, além de tema atualíssimo quando está na agenda a estatização (mesmo que temporária) de bancos nos Estados Unidos ("Nationalization gets a new, serious look", *New York Times*, 25/01/2009) e mais uma remodelagem do sistema financeiro internacional.

Alfred Darimon, *La Banque du Peuple* e outras propostas socialistas

O livro de Darimon tem papel de destaque nas páginas iniciais dos *Grundrisse*, apresentando temas que serão comentados e criticados por Marx ao longo desses manuscritos. Posteriormente, em *Para a crítica da economia política*, há apenas uma menção a Darimon – em uma nota de rodapé – por Marx (1859, p. 69). Já em *O capital*, Darimon não é mais citado.

O livro de Darimon, recém-publicado quando Marx escreve os *Grundrisse*, é composto de 14 capítulos. Esses 14 capítulos poderiam ser agrupados em cinco diferentes partes, para melhor compreensão do desenvolvimento do raciocínio de Darimon, Na primeira parte (capítulo 1), o argumento central de Darimon é apresentado. Na segunda parte (capítulos 2 a 5), é sumarizada uma história do desenvolvimento do sistema bancário até o desenvolvimento dos bancos de circulação. Na terceira parte (capítulos 6 a 12), cada capítulo resenha uma proposta de reforma de sistema bancário presente no debate. Na quarta parte (capítulo 13), a proposta defendida por Darimon é apresentada – "*la baque du peuple*". Na quinta parte (capítulo 14, conclusão do livro), há uma discussão teórica que fundamenta a proposta de banco do povo e sugere um padrão de evolução do sistema bancário.

A primeira parte, composta do capítulo 1 (*Les mesures de la Banque de France*), apresenta os argumentos centrais de Darimon já na sua abertura: "*Tout le mal vient de la prédominance que l'on s'obstine à conserver aux métaux précieux dans la circulation et les échanges...*" (DARIMON, 1856, p. 1-2). Essa explicitação deixa claro o que vai ser discutido no livro: a natureza do dinheiro e dos bancos. Marx cita essa passagem na abertura de sua discussão com Darimon (1857-1858, p. 115). Essa avaliação crítica do papel dos metais preciosos é básica para compreender a avaliação de Darimon sobre as "crises periódicas": o privilégio dado ao ouro e a prata – "*d'être les seules instruments authentiques de circulation et d'echange*" – é a causa dessas crises (p. 6). Essa avaliação tem implicações sobre a organização dos bancos tal qual "organizados segundo os princípios atuais", ou seja, "baseados na predominância do ouro e da prata" (p. 3).

Essa avaliação mais geral é apresentada por Darimon ao lado de uma avaliação mais geral das medidas tomadas pelo *Banque de France*, em outubro de 1855, para enfrentar a redução de seu encaixe metálico. Darimon apresenta extratos de balanços mensais do *Banque de France*: dados sobre reservas metálicas e dados dos movimentos em seu *portefeuille* (descontos realizados pelo banco, papéis comerciais e letras de câmbio). Marx avalia esses movimentos de metais e descontos e ressalta a falta de uma coluna relativa ao total das notas em circulação (p. 116, 118) - o que demonstraria a confusão entre "os requerimentos de crédito e os relativos à circulação monetária" (p. 116).

Na segunda parte do livro (capítulos 2 a 5), Darimon apresenta a sua visão da evolução do sistema monetário e bancário. No capítulo 2 (*Des operations de banque*), o sentido da evolução dos bancos é apresentado: "O banco [...] é uma série de operações que se envolvem os trabalhadores e os cambistas para aniquilar o uso dos metais preciosos" (p. 10). Uma pequena tipologia de bancos é apresentada a seguir, com a evolução dos bancos de depósito (exemplos são os Bancos de Rialto e de Amsterdam) para bancos de circulação (Banco da Inglaterra). No caso dos bancos de circulação, a invenção das notas bancárias (*billet de banque*) transformou os bancos em "fabricantes de moeda" e permitiria dispensar os serviços dos metais preciosos (*les billet de banque permet, em effet, de se passer des services des metaux précieux*, p. 17). Todavia, os financistas transformaram essas notas de papel em apenas um "suplemento cômodo da moeda metálica". Isso teria transformado os bancos de circulação em um "meio termo entre o emprego e o não-emprego da moeda metálica" (p. 18).

No capítulo seguinte (capítulo 3, *Petite histoire des banques de circulation*), o ponto de partida é a fundação do Banco da Inglaterra, em 1694. Darimon lista em uma cronologia os principais eventos dessa fase, chegando à crise de 1855 na França. Conclusões tiradas por Darimon: reserva metálica é uma ilusão, pois os bancos de circulação nas crises ou suspendem os pagamentos ou reclamam o curso forçado de suas notas (p. 25), os bancos de circulação agravam as crises e, mais importante, durante as crises metálicas (períodos de suspensão da convertibilidade das notas bancárias, como na Inglaterra, entre 1797 e 1822), o público pôde passar sem as moedas metálicas. Além do mais, esses períodos de inconvertibilidade foram "épocas de progresso industrial", de invenções e descobertas (p. 26-27).

Nos dois capítulos seguintes (4 e 5), Darimon avalia as necessidades apresentadas pela sociedade aos bancos e critica propostas que ele classifica como "meias-medidas" (como a "pluralidade de bancos" e o "banco estatal").

Numa passagem comentada por Marx, Darimon propõe atribuir a todos os produtos o caráter de moeda metálica (p. 38).

Na terceira parte, que vai do capítulo 6 até o capítulo 12 (p. 46-124), são apresentadas, avaliadas e criticadas as seguintes propostas: *la banque de compensation* (capítulo 6), *la banque régulatrice des valeurs* (capítulo 7), *la banque de crédit direct* (capítulo 8), *les banques d'échange* (capítulo 9), *les agentes monétaires* (capítulo 10), *les banques d'assurance* (capítulo 11) e *la banque rationelle* (capítulo 12). Ao longo desses capítulos, Darimon apresenta um quadro abrangente de propostas de alternativas aos bancos de circulação, com uma especial atenção a *les banques d'assurance* e a *la banque rationelle*, na medida em que há uma discussão sobre juros, que são associados diretamente ao risco. Dessa discussão, indica Darimon, o seguro pode ser um caminho para a gratuidade do crédito (p. 102) e para a abolição dos juros (p. 104).

Toda essa discussão realizada nos capítulos 6 a 12 é utilizada como uma introdução por Darimon da sua proposta, pois todos os autores discutidos perseguem a *gratuité du crédit*, tema que está na origem da proposta de *la banque du peuple*, (apresentada no capítulo 13, que constitui a quarta parte do roteiro do livro). No início do capítulo 13, Darimon ainda acrescenta um comentário sobre a fundação do *Crédit Mobilier*, fundado pelos irmãos Péreire, iniciativa que se relaciona com a baixa dos juros (p. 125).

A proposta de *la banque du peuple* é apresentada de forma meticulosa, centrada em torno da ideia da *gratuité du crédit*. Para a exposição da proposta, Darimon julga necessário examinar a teoria dos bancos de um novo ponto de vista (p. 127), agora partindo da discussão sobre a origem e o significado dos juros (p. 127-128), passando pela exposição da evolução dos bancos, de depósito a de circulação (p. 129-132), e chegando à proposta da eliminação dos juros e da *gratuité du crédit* (p. 132-135).[2]

A mudança fundamental, para Darimon, estaria no desenvolvimento da garantia pública, que é o que está fundamentando as notas bancárias emitidas pelos bancos. A progressiva substituição da garantia individual (existente na relação entre credores e devedores individuais) pela garantia pública é o que fundamenta a defesa do crédito gratuito (p. 133).

A partir daí, apresenta os estatutos de *la banque du peuple*. Curiosamente, Darimon não cita a obra ou o autor dessa proposta. Talvez por ser uma proposta de amplo conhecimento dos seus contemporâneos, uma proposta popular em seu tempo. O autor da proposta é Proudhon, que, em

---

[2] Darimon menciona a polêmica em torno do crédito gratuito entre Bastiat e Proudhon (p. 104).

1849, publicou um pequeno livro intitulado *La banque du peuple*, do qual constam os estatutos do banco. São exatamente esses estatutos que Darimon se propõe a analisar (p. 133). Grosso modo, até o final desse capítulo, o que Darimon realiza é uma exposição sumária do livro de Proudhon (1849).

Darimon, por exemplo, menciona que o objetivo de *la banque du peuple* é "organizar democraticamente o crédito" (p. 133): esse é o artigo segundo dos estatutos apresentados por Proudhon (1849, p. 5). A descrição das operações que o banco praticará (Darimon, p. 134) é uma cópia das operações listadas no capítulo III dos estatutos (Proudhon, p. 8 e 9, repetidas no relatório apresentado ao final do livro, nas páginas 28 e 29).

Para garantir os objetivos de, por um lado, destruir a *"féodalité financière et le despotism du numéraire"* e, por outro lado, universalizar o crédito, o ponto de partida da reforma *"était l'organisation de l'échange direct des produits contre produits, sans l'intervention de la monnaie et, par suite, la garantie mutuelle du travail"* (p. 135).

De certa forma, essa discussão abrangente sobre bancos permite a Marx articular a discussão francesa com propostas de socialistas ingleses, como J. Gray. Gray propõe a criação de um *National Bank* (1831, p. 64).

Marx associa as teorias de Gray e de Proudhon e faz, em nota de rodapé, uma referência a Darimon ("como compêndio dessa melodramática teoria monetária pode-se considerar Darimon...", p. 69). O que há em comum nas propostas de Gray e dos proudhonistas é a combinação entre um papel central para um banco nacional e a emissão de bônus de algum tipo, por esse banco. De certa forma, Marx chama a seu modo a atenção para a semelhança entre as propostas, em outra nota de rodapé, ao escrever que "o esforçado Gray não suspeitava que dezesseis anos após o aparecimento do *Social System* tinha sido registrada uma patente da mesma descoberta em nome do engenhoso Proudhon" (1859, p. 67).

A discussão de Marx sobre J. Gray nos *Grundrisse* começa com os bônus de trabalho e termina com um banco que centralizaria toda a circulação e a produção (p. 155-156). No caso de Proudhon e Darimon, o tema é tratado dos bancos para os bônus.

Sobre a proposta de Gray, a digressão de Marx nos *Grundrisse* começa na página 153 *("Now, it might be thought that the issue of time-chits overcomes all these difficulties [...]")*. Nessa passagem, Marx apresenta um raciocínio que começa com a emissão dos *"time-chits"* (p. 153), passa pela transformação do banco em comprador geral (p. 154), para posteriormente se tornar vendedor geral (p. 155) e para terminar como produtor geral (p. 156). Depois desse ponto, um dilema e uma observação sobre a propriedade dos meios de produção: *"In fact, either it would be a despotic ruler of production and trustee of distribution, or it would indeed be nothing more than a board which keeps the books and accounts for a society producing in common. The common ownership of the means of production is pressuposed etc etc"* (p. 155-156). Na última frase do parágrafo, o banco dos saint-simononianos é mencionado: *"The Saint-Simonians made their bank into the papacy of production"* (p. 156).

Em suma, ao longo dos *Grundrisse*, Marx toma o livro de Darimon como ponto de partida, mas de certa forma o articula com as propostas de outros socialistas como Gray e saint-simonianos. Ou seja, a discussão é realmente abrangente.

Na quinta parte, a conclusão do livro (capítulo 14), Darimon sumariza a sua elaboração e apresenta os fundamentos teóricos da sua proposta.

Os autores citados e comentados por Darimon são Law, Ricardo (apresentado por Darimon como "o sucessor de Law", p. 145) e os irmãos Péreire.[3] A visão favorável que esses autores recebem de Darimon é consequência da importância, em sua interpretação, que atribuem ao papel-moeda e à perspectiva de substituição dos metais preciosos como dinheiro – a interpretação de Darimon sobre Ricardo será objeto de questionamento por Marx (p. 126). Os irmãos Péreire são citados de forma favorável – uma referência utilizada por Darimon pode ser identificada em livro anterior de J. Péreire (1832), uma indicação da familiaridade de Darimon com esse livro. Por sua vez, J. Péreire refere-se a Law de forma favorável (ver página 16).[4]

É importante ressaltar que Marx registra a leitura desses autores nos arquivos que estão no *International Institute for Social History*, Amsterdam (o arquivo B26, referente a 1844, contém anotações do livro de Law – IISH, 2008, p. 26 –; o arquivo B33, de 1845, o livro de J. Péreire – IISH, 2008, p. 25 –; Bastiat/Proudhon, B52, de 1851 – IISH, 2008, p. 31).

Law é apresentado por Darimon como um dos primeiros críticos do Banco da Inglaterra, crítico da moeda metálica e autor de uma tentativa

---

[3] Já em Proudhon (1851, p. 103-104), há um comentário sobre Law e Ricardo, e um comentário sobre os bancos de depósito e bancos de circulação.

[4] Schumpeter (1970, p. 92) associa John Law e os irmãos Péreire em torno de uma mesma ideia bancária: *"L'ideé du promoteur John Law, n'est fundamentalment pas différent de celles qui les freres Péreire developpent 150 ans plus tard dans leur Crédit Mobilier"*.

"pour élargir l'horizon des banques et pour révolutionner le crédit" (p. 144-145).[5] Ricardo é elogiado pela sua proposta de reforma monetária (o plano de notas bancárias lastreadas por lingotes, e não por *numéraire*, p. 146). Isaac Péreire, fundador e diretor da Société Crédit Mobilier, é citado como um autor favorável ao papel moeda – *"que la monnaie est un moyen de circulation barbare* [...] *et que la substitution complète du papier à la monnaie est une mesure qui doit marcher parallèlement avec le progrès"* (p. 146).[6]

A história da moeda e dos bancos é sumarizada por Darimon em algumas fases principais: a invenção da moeda, a supremacia dos metais preciosos, o estabelecimento dos bancos de depósito e a fundação dos bancos de circulação (p. 147-149). A reforma é urgente, e o princípio é o *Banque du peuple*, associado à gratuidade do crédito, a uma proposta de *"organiser démocratiquement le crédit"* (p. 133). É importante frisar que a gratuidade do crédito é o oposto da existência de juros, correspondendo assim a uma proposta de abolição do "regime de juros" (p. 132).

Com esse painel geral do conteúdo do livro de Darimon e das relações diretas entre a proposta de reforma de bancos e *la banque du peuple* de Proudhon, é possível uma avaliação de pelo menos três propósitos que esse livro teria servido à elaboração de Marx.

Em primeiro lugar, ao abrir o seu capítulo sobre o dinheiro com uma discussão crítica sobre a concepção de dinheiro e suas diversas formas, discordando e criticando o que considerava equívoco de Darimon em termos desses conceitos, Marx demonstra o quanto havia progredido na elaboração da sua teoria monetária. A crítica a Darimon é uma oportunidade para exercitar os resultados de seus estudos desenvolvidos até então.

Em segundo lugar, o livro de Darimon é uma excelente apresentação do estágio da elaboração das propostas proudhonistas sobre dinheiro, crédito e bancos. Por isso, o livro oferece para Marx uma oportunidade de realizar um balanço do estágio dessa elaboração.

Em terceiro lugar, Darimon apresenta um sumário das propostas de reformas bancárias na França, permitindo a Marx uma visão mais geral

---

[5] Kindleberger (1989) menciona Law diversas vezes em seu livro sobre crises financeiras. A associação entre tentativas de expansão de crédito e crises persiste até hoje (ver, por exemplo, *The Economist*, 2008).

[6] Essa referência na verdade é de um texto de J. Péreire (1832, p. 16-17). Numa passagem, J. Péreire afirma que *"aussi sommes-nous convaincus que la substitution complète du papier à monnaie, puis enfin la disparition du papier lui-même sont des mesures que doivent marcher parallèlement avec les progrès des sentiments de sociabilité et avec l'application sucesive d'un système d'organisation industrielle dans lequel tous les efforts seront de plus em plus harmonisés"*.

do estado do debate nacional sobre o tema, além de oferecer um ponto de contato com a elaboração de outros socialistas contemporâneos, como Gray e os saint-simonianos.

Elementos da elaboração de Marx sobre o dinheiro

Os *Grundrisse* são uma oportunidade para acompanhar o processo de elaboração de Marx. Por isso eles são uma fonte preciosa para a compreensão da sua elaboração sobre o dinheiro. Acerca desse tema, Marx contrapõe-se a Darimon e a outros autores socialistas, abordando o assunto, realizando digressões e diversas vezes utilizando expressões como "tema para desenvolvimento posterior", além de anúncios sobre a retomada do assunto adiante.

Dessa forma, a apresentação de uma resenha crítica abre espaço para explorações sobre a própria formulação sobre dinheiro, valor e troca. Uma vez realizados esse desenvolvimento, Marx retorna à crítica com argumentos resultantes dessa nova elaboração, como, por exemplo, na página 207. Marx apresenta nas páginas anteriores uma elaboração que vai relacionando e distinguindo valor de troca e dinheiro. Após esse desenvolvimento, afirma: *"Hence the nonsensicability of those who want to make labour time as such into money"* (p. 207).

Nesse desenvolvimento, Marx aponta as diversas funções do dinheiro, um esboço da síntese que será alcançada no PCEP e mantida em *O capital*.

Nessa seção, há um raciocínio em particular que merece destaque por se originar do debate com Darimon. Trata-se de uma discussão sobre a alternância entre diversas formas do dinheiro (p. 123).

Essa importante elaboração de Marx está inserida numa discussão sobre convertibilidade do papel-moeda, com base em observações de Darimon no capítulo 3 (*Petite histoire des banques de circulation*). Nesse capítulo, Darimon menciona os períodos de inconvertibilidade das notas bancárias, durante os quais houve progresso industrial na Inglaterra. Marx inicialmente critica Darimon por não colocar em sua cronologia a crise da Inglaterra de 1809-1811, período de inconvertibilidade. Essa omissão é importante, porque essa crise demonstraria que, mesmo com notas bancárias inconvertíveis (eliminada a conversão em ouro), as crises podem ocorrer (p. 126).

Em uma nota ("não diretamente relacionada com esta discussão"), Marx organiza uma lista de exemplos de experiências com papel-moeda que poderiam ser considerados na discussão. É um trecho longo (entre as páginas 131 e 136), que é certa introdução à convertibilidade em horas de trabalho (discussão que será realizada a partir da página 136). Os casos mais importantes são os da Prússia (com seu papel moeda de curso forçado, p. 132) e a Escócia com o seu singular sistema bancário (p. 132-133).

O caso da Escócia, antes de 1845, demonstraria que, mesmo um sistema monetário sem apego aos metais preciosos, não escapa das crises (p. 133). Além disso, para Marx, esse exemplo é importante, porque mostra como o sistema monetário *"can be completely regulated on the present basis – all evils Darimon bewails can be abolished – without departing from the present social basis"* (p. 133).

Aqui está um ponto importante. Como já apresentado, Darimon quer a superação do sistema monetário fundado nos metais preciosos. A questão seria: a concepção de Marx estaria atrasada em relação aos outros socialistas, em relação aos metais preciosos? Esse trecho indica que não, pois Marx aceita como perfeitamente possível um sistema monetário com papel moeda inconvertível; o que ele questiona é a ilusão de que um sistema desse tipo representaria a superação do capitalismo ou um novo sistema social.

Em linha com esse raciocínio, há dois parágrafos que são úteis para indicar esse ponto cego na elaboração de Darimon – o capitalismo não seria necessariamente superado com um sistema monetário sem metais preciosos –, mas que contêm preciosos elementos para uma elaboração mais geral sobre a dinâmica e a metamorfose do dinheiro.

Em primeiro lugar, Marx menciona a possibilidade de diversas formas de dinheiro (p. 123). Depois de citar essas diferentes "formas civilizadas do dinheiro – metálica, papel, dinheiro de crédito, dinheiro-trabalho (esta última como a forma socialista)", Marx sugere uma dinâmica possível no interior do sistema capitalista:

> Várias formas de dinheiro podem corresponder melhor à produção social em vários estágios; uma pode remediar males contra os quais outra forma é incapaz; mas nenhuma delas, na medida em que continuam como formas do dinheiro, e na medida em que o dinheiro persiste como uma relação essencial de produção, é capaz de superar as contradições inerentes à relação monetária, e pode ao contrário apenas aspirar a reproduzir essas contradições em uma ou outra forma (p. 123).

Em segundo lugar, Marx pergunta:

> Não precisa o sistema burguês de trocas de um instrumento específico de troca? Isso não criaria necessariamente um equivalente específico para todos

> os valores? Uma forma desse instrumento de troca ou desse equivalente pode ser mais prática, mais adequada, pode conter menos inconvenientes do que outra forma. Mas as inconveniências que emergem da existência de cada forma específica de instrumento de troca [...] devem necessariamente reproduzirem-se em todas as formas, a despeito de suas diferenças (p. 127).

Em terceiro lugar, ao desenvolver um raciocínio sobre as limitações da alteração na forma do dinheiro, um esclarecimento que visa explicitar os limites de "reformas monetárias e transformações da circulação" (p. 145), Marx escreve em um parêntesis: "Embora dificuldades características de uma forma menos desenvolvida de dinheiro possam ser evitadas movendo-se para uma forma mais desenvolvida" (p. 145).

A articulação entre esses três comentários sugere uma visão rica para a compreensão da possibilidade e da realidade de uma dinâmica do dinheiro e suas formas no interior do sistema capitalista, na medida em que explicita a possibilidade desses movimentos formais. O essencial, aqui, parece ser a insistência de Marx com a impossibilidade de superação do dinheiro enquanto "o valor de troca persiste como a forma social dos produtos" (p. 145). No interior dessa persistência, a plasticidade do dinheiro é ampla, parece sugerir Marx.

Em um trecho anterior, ao discutir a relação entre a grande indústria e o crédito (voltaremos a esse tema adiante), Marx menciona, entre outros elementos financeiros (bancos, rendas estatais, etc.), "as mil formas de papéis circulantes que são tanto as precondições como o produto do comércio moderno e da indústria moderna" (p. 122).

A possibilidade de mudanças na forma do dinheiro, de transição para formas superiores, mais práticas e mais adequadas ao estágio de desenvolvimento econômico e social, parece ser um importante ponto desses tópicos discutidos de forma dispersa e não sistemática por Marx. Embora ele não esteja discutindo uma teoria sobre a metamorfose do dinheiro no interior do modo de produção capitalista, as suas anotações contêm elementos que contribuem para tal compreensão. E isso é um importante aspecto dos *Grundrisse* e uma elaboração que foi em muito estimulada pelo debate com os socialistas contemporâneos.

Por isso, é muito fértil uma leitura da elaboração de Marx que busque captar as tensões em sua apreensão da natureza do dinheiro e, portanto, do movimento entre as suas diversas formas: nos *Grundrisse* encontram-se elementos básicos de uma teoria sobre metamorfose do dinheiro em geral e no capitalismo em particular. Uma introdução para uma crítica de interpretações que limitam a teoria monetária de Marx ao dinheiro-mercadoria (como sugere Anitra Nelson, 1999). Marx vai explicitar que os metais preciosos constituem uma "transição natural" da "primeira forma de dinheiro" (p. 166). Mas o curso do desenvolvimento do dinheiro prossegue, podendo "o valor de troca do dinheiro existir [...] separadamente de sua substância, como no caso do papel-moeda" (p. 167).

Essa concepção dinâmica do dinheiro é útil para alguns debates atuais: para discutir as contribuições de Innes, por exemplo, é proveitosa uma sugestão de Marx de que o "dinheiro aparece como medida mais cedo do que como meio de troca" (p. 173). Em uma digressão sobre "dinheiro como medida", há uma referência de Marx a uma "primeira forma de dinheiro", na qual o dinheiro aparece mais na sua qualidade de medida do que como um real instrumento de troca. Acrescenta que, nesse estágio, a medida pode ser apenas imaginária (p. 166-167). Posteriormente, uma explícita referência à diferenciação entre "dinheiro real" e "dinheiro contábil" (p. 190), para depois discutir uma situação na qual o "dinheiro aqui é necessário apenas como categoria, como uma relação mental" (p. 191). Aliás, passagem que pode ser articulada com outras que destacam a relação entre dinheiro, abstração e processos mentais (ver em especial p. 191, tema posteriormente desenvolvido tanto por Sohn-Rethel quanto por Simmel).

No contexto dessa elaboração dinâmica, as digressões sobre o dinheiro como símbolo são importantes (ver p. 144, por exemplo), no qual a possibilidade da substituição do ouro e da prata por qualquer outro símbolo, porque "mesmo o dinheiro material como meio de troca é em si mesmo símbolo" (p. 212).

Crédito gratuito e a natureza dos juros

As relações teóricas entre dinheiro, crédito e juros são componentes importantes de discussões que Marx realiza nos *Grundrisse,* mas prossegue nos escritos posteriores. O tema "crédito gratuito", bastante caro às propostas dos proudhoninaos, pois como discutido é o que fundamenta a proposta de *la banque du peuple,* pode ser uma síntese de uma abrangente discussão teórica.

Essa polêmica é importante para os argumentos desse capítulo, na medida em que, através dessa polêmica, é possível acompanhar a complexidade e a confusão envolvida no tema. No fundo, as discussões versam sobre, mais uma vez, a natureza do dinheiro, o papel dos metais preciosos e notas bancárias e o significado dos juros.

A discussão entre Bastiat e Proudhon é vasta (são 14 cartas) e não se pretende sumarizá-la aqui.

Bastiat reduz a discussão (em sua carta número 4, p. 133-145) à legitimidade dos juros (p. 133): "É legítimo o juro do capital? A resposta de Proudhon, em sua carta 6: "O socialismo [...] vos fornece a solução na centralização democrática e na gratuidade do crédito" (p. 156). Na medida em que o debate progride, as confusões entre os temas do debate monetário se tornam mais visíveis. A exposição de Proudhon leva Bastiat (em sua carta 12) a resumir da seguinte forma a posição do socialista: "O sistema de crédito gratuito se reduz ao papel-moeda" (p. 272). Segundo Bastiat, para Proudhon o socialismo seria "uma chuva de papel-moeda, eis todo o mistério" (p. 272). Ao mesmo tempo, ainda segundo Bastiat, a solução de Proudhon seria "uma fábrica inesgotável de papel-moeda" (p. 273). Proudhon retruca com a oposição entre "la liberte du crédit" e o "crédit gratuit" (p. 314).

Sem uma discussão mais detalhada das intervenções, é certo que Bastiat explora em seus comentários aspectos do forte apoio que os socialistas proudhonianos outorgavam ao papel-moeda, como uma libertação do peso dos metais preciosos no sistema monetário. Esse tema, como discutido na seção I, foi objeto de crítica de Marx.

A polêmica entre Bastiat e Proudhon sobre o crédito gratuito (BASTIAT, 1863), que ocorreu entre outubro de 1849 e março de 1850, é acompanhada por Marx com cuidado e é citada tanto nos *Grundrisse* como nas *Teorias sobre a mais-valia* e em *O capital*.

Nos *Grundrisse*, a questão do crédito gratuito é tratada/mencionada diversas vezes. No geral, Marx demonstra o seu desconforto em relação às intervenções do socialista (p. 319, 755) cuja razão estaria na incompreensão de Proudhon sobre a natureza dos juros (p. 641).

Marx menciona o tema e avisa que voltará a tratá-lo (p. 123). Posteriormente, Marx comenta uma resposta de Proudhon a Bastiat que trata da relação entre sociedade e condições econômicas (p. 264-265). Finalmente, Marx discute as dificuldades de Proudhon em diferenciar venda de empréstimo (p. 843-845). Em uma digressão sobre o capital portador de juros, Marx anota a proposta de Proudhon – "o capital não deveria ser emprestado e não deveria portar nenhum juro" (p. 319) – e sugere que isso corresponderia a uma demanda de que o capital não deveria existir como capital.

Ao discutir criticamente a ilusão sobre o crédito gratuito, Marx vai aperfeiçoando a sua elaboração sobre juros, crédito, capital. Ainda nos

Grundrisse (ver p. 318), há uma explicitação de que os juros são uma forma da mais-valia (p. 318). Ao mesmo tempo, há referências à maior antiguidade da "forma juros" em relação à "forma lucro" (p. 851), associando essas duas formas à divisão da mais-valia entre ambas (p. 852). Um exemplo dessa linha – em relação aos juros – é a citação que Marx faz de um livro de J. W. Gilbart, na qual o significado dos juros como uma parcela dos lucros é apresentada (p. 861). Essa mesma citação será repetida no terceiro volume de *O capital* (p. 460).

Nos *Manuscritos de 1861-1863* (parte deles editados como *Teorias da mais-valia*), a discussão sobre juros está mais presente, ainda em várias passagens relacionadas ao debate sobre o crédito gratuito. No tópico "*Revenue and its sources* – A economia política vulgar" (1861-1863, v. 3, p. 453-540), o tema dos juros é central, e há uma longa discussão sobre capital portador de juros e críticas ao "socialismo dirigido contra o capital produtor de juros": "sob o disfarce de socialista" é apresentada uma proposta de "desenvolvimento do crédito burguês" (p. 467). O problema de fundo é uma visão de socialismo que atacaria o "capital portador de juros" como a "forma básica do capital", não compreendendo, portanto, a natureza dos juros como "uma de suas formas derivadas" (p. 467).

Nesse ponto, é colocado um raciocínio que será de novo apresentado em *O capital*: o baixo nível do desenvolvimento das condições possibilita tais propostas, que não deixam de ser "um sintoma teórico do desenvolvimento capitalista" no país (p. 468). Como o país em questão é a França, Marx termina a seção articulando as propostas de crédito gratuito com a "glorificação dos bancos" pelos saint-simonianos (p. 468).

A partir dessa introdução, e sua discussão justapondo os "economistas vulgares e socialistas vulgares em relação ao juro do capital", Marx desenvolve a relação entre o capital portador de juros (e o capital comercial) e o capital industrial. Contrapõe a relação entre lucro e juros em diferentes eras históricas, para enfatizar a natureza derivada do juro em relação ao lucro na era do capital industrial. Em uma passagem anterior, Marx expõe a visão de Adam Smith sobre o juro como parte do lucro "sob um nome especial", como uma "parte secundária da mais valia" (1861-63, v. 1, p. 83). E, em uma passagem posterior, Marx anota declaração de Hume que "a taxa de juros é regulada pela taxa de lucros", situando-a em um contexto de "maior desenvolvimento do capitalismo" (v. 3, p. 538).

O roteiro de *Revenue and its sources* segue discutindo a separação entre as diversas partes da mais-valia e a sua "ossificação" em formas convertidas da mais-valia, para então avaliar a diferença entre a economia clássica e a economia vulgar. Finalmente, após essas clarificações sobre o significado dos juros sob o capitalismo industrial, há uma seção – número 6 – específica para comentar "a luta do socialismo vulgar contra os juros (Proudhon)", que é aberta com um comentário sobre o debate Bastiat-Proudhon (p. 523). Ao longo dessa seção, Marx apresenta um sumário das confusões que para ele Proudhon realiza entre dinheiro e mercadoria, capital e dinheiro. Enfim, após uma clarificação do significado teórico dos juros, Marx pode voltar a criticar a visão de socialistas sobre crédito gratuito (juros zero) de forma mais embasada.

Em *O capital*, volume terceiro, o tema do crédito gratuito reaparece, com uma referência às ilusões sobre crédito gratuito (p. 743) e um comentário sobre Proudhon como um autor que desejava a permanência da produção mercantil e a abolição do dinheiro.

Rosdolsky indica a presença da discussão sobre o crédito nos *Grundrisse* (ver p. 424-439). Para além dos comentários de Rosldolky, duas observações sobre o tema do crédito são importantes.

Em primeiro lugar, Marx indica certa unilateralidade nas análises de Darimon e outros que insistiram no papel do crédito na formação e evolução do sistema capitalista. Essa unilateralidade tem importantes implicações políticas. Marx, ao criticar essa unilateralidade, afirma que "as modernas instituições de crédito seriam tanto uma causa como um efeito da concentração de capital" (p. 122). A apreciação crítica realizada por Marx sugere uma relação de mútua determinação entre a dimensão financeira e a dimensão industrial-inovativa: o desenvolvimento do crédito é causa e efeito do desenvolvimento da grande indústria.[7] Marx insiste em outros textos – em *O capital* (volume I, p. 780) e em outras passagens (ver, por exemplo, MEGA II.14, p. 455) – na articulação entre as sociedades por ações e as grandes empresas.

Em segundo lugar, partindo dessa relação de mútua determinação, que envolve o relacionamento entre o sistema de crédito e o desenvolvimento da grande indústria, há a célebre passagem na qual Marx explora potencial desenvolvimento aberto pela "grande indústria" (p. 704). É o desenvolvimento da grande indústria que permite que "a criação da riqueza real possa depender menos do tempo de trabalho e do montante de trabalho empregado do que do poder dos atores colocados em movimento durante o tempo de trabalho [...] que depende do estado geral da ciência

---

[7] Em trabalho anterior (ALBUQUERQUE, 2009), essa relação de mútua determinação é discutida mais amplamente.

e do progresso da tecnologia, ou da aplicação da ciência à produção" (p. 704-705).[8] O que se quer ressaltar na leitura dessas páginas de Marx é o papel do sistema de crédito na viabilização de todo esse desenvolvimento potencial, um dos germes visíveis indicados na análise de Rosdolsky sobre "o papel da maquinaria como pressuposto material da sociedade socialista" (1969, p. 469-473).

Volume III, parte V, de *O capital*: crédito no Capitalismo e na transição ao Socialismo

Em *O capital*, há a síntese da elaboração de Marx a respeito das questões do dinheiro, crédito e seu papel. No volume III, parte V, "divisão entre juros e lucro do empresário, o capital portador de juros", apresenta uma visão mais acabada do papel do crédito.

Mas há diversas indicações da insatisfação de Marx com os resultados alcançados (MEGA2, II.14, p. 445-448).[9] Kraetke (2005) menciona 700 páginas escritas por Marx sobre dinheiro, crédito e finanças, após 1867. Indicações estão presentes no relatório do IISH: ver os arquivos B108, B109, B113, que contêm cadernos escritos entre 1868 e 1869, todos com diversos registros sobre a publicação *The Money Market Review*; B140, B141, B142, B147 e B154, preenchidos entre 1878 e 1879, com anotações sobre livros sobre história e teoria bancária, papel moeda; e o B154, de 1879, com notas sobre o livro *Monetary Panics and their Remedy*. E há ainda passagens nas quais a elaboração era limitada por razões históricas.[10]

No volume III, há quatro questões relacionadas ao papel do crédito que devem ser comentadas: caráter dual do sistema de crédito, críticas à visão de socialistas sobre o papel do crédito, uma discussão sobre a razão da emergência de teorias como a dos saint-simonianos na França e o papel do crédito como alavanca na transição.

---

[8] O significado dessa passagem para uma discussão da lei do valor e da dinâmica do capitalismo contemporâneo foi explorado em trabalho anterior (ALBUQUERQUE, 1996, p. 189-191).

[9] Ver, por exemplo, MEW, v. 24, p. 584, declaração de John Swinton (artigo publicado no *The Sun*, 6/9/1880), no qual o entrevistador declara que Marx planejava a trilogia *land, capital e credit*. Na continuidade, escreve Swinton: *"The last part, he said, being largely illustrated from the United States, where credit has had such na amazing development"*.

[10] É interessante destacar a qualificação que Engles apresenta sobre a elaboração de Marx em relação às bolsas de valores e sociedades por ações (no v. III, p. 568-569, p. 1045-1047). Engels apresenta um rápido esboço de um desenvolvimento histórico das bolsas (p. 1045-1047). Hilferding (1910) apresentará uma elaboração mais acabada sobre as bolsas de valores e o seu papel na "mobilização de capital".

Em primeiro lugar, o capítulo 27 ("o papel do crédito na produção capitalista"), capítulo bastante sintético, apresenta o "caráter dual" do sistema de crédito: por um lado desenvolve a força do sistema capitalista e "por outro lado ele constitui a forma da transição para um novo modo de produção" (v. III, p. 572).

No esquema do capítulo 27, o sistema de crédito desenvolve a força do sistema capitalista porque (1) possibilita os movimentos de equalização da taxa de lucro; (2) reduz os custos de circulação (um dos custos é o próprio dinheiro, que é economizado através do crédito ao ser dispensado de boa parte das transações, pela aceleração dos meios de circulação e pela substituição do ouro por papel-moeda; além da aceleração pelo crédito do processo de reprodução em geral); (3) pela formação de sociedade de ações (que expandem a escala da produção, que seriam a abolição da propriedade privada no interior do sistema capitalista e transforma o capitalista ativo em mero gerente) e (4) o crédito oferece ao capitalista individual poder sobre o capital de outros.

Por sua vez, como elemento da transição ao modo de produção associado, "[e]mpresas por ações e fábricas cooperativas devem ser vistas como formas de transição do modo de produção capitalista para o modo de produção associado, simplesmente que em um caso a oposição é abolida de forma negativa e em outro caso de forma positiva" (p. 572).

O que se destaca no capítulo 27 é o caráter dual do sistema de crédito, já aqui tratado como uma das formas de transição ao modo de produção associado. Trata-se de uma nova referência ao que Rosdolsky chama de "germes visíveis".

Em segundo lugar, mais adiante, no capítulo 36 (o último capítulo da Seção V, um capítulo histórico intitulado "formas pré-capitalistas"), Marx volta ao tema do papel do crédito na transição, com críticas aos socialistas.

Como ressaltado na introdução deste capítulo, não há referências a Darimon no volume III de *O capital*. O foco dos comentários de Marx são autores saint-simonianos: Enfantin (p. 743) e Pecqueur (p. 744). A experiência do *Crédit Mobilier* é também tema deste capítulo. Na passagem que Marx discute Enfantin, ele explicita as raízes saint-simonianas do *Crédit Mobilier*, sugerindo que a ideia desse banco estaria latente nas ideias saint-simonianas sobre o papel dos bancos na organização da produção industrial (p. 741, p. 743-744). [11] Marx cita outro saint-simoniano, Pecqueur, que explicita que o *système général des banques* deveria governar a produção (p. 744).

---

[11] A exposição completa do papel dos bancos para os saint-simonianos pode ser encontrada na *Doctrine de Saint-Simon* (1830), especialmente no capítulo VII (ver páginas 112 a 139).

Essas passagens têm relação com a passagem dos *Grundrisse*, discutida na seção I, na qual Marx lida com a relação entre bancos e produção nas visões de Gray e dos saint-simonianos, discussão não repetida no volume III.

Em terceiro lugar, há interessantes observações sobre as condições econômicas e institucionais que teriam estimulado as teorias bancárias de Proudhon e Saint-Simon. Em um comentário perspicaz, para Marx, o subdesenvolvimento dos bancos e da indústria na França, abre espaço para propostas como o *Crédit Mobilier* (Capital, v. III, p. 741), "tipo de coisa teria sido impossível" na Inglaterra ou nos Estados Unidos (p. 741).

O subdesenvolvimento do sistema de crédito é muito bem descrito por Cameron (1967). Uma comparação do peso da circulação de "espécies" na França, em 1845 – 82% do estoque monetário do país (Cameron, p. 116) – com a Inglaterra e o País de Gales em 1844 – apenas 25% do total (p. 42). Essa constatação empírica certamente explica por que a França hospedava tão rico debate sobre alternativas monetárias, como o livro de Darimon tão bem documenta. Essa passagem, por certo ponto de vista, antecipa a elaboração de Gerschenkron sobre as diferenças institucionais necessárias ao desenvolvimento retardatário.

Marx dedica ao *Crédit Mobilier* diversos artigos no *New York Daily Tribune* (ver MECW, v. 15, p. 8-24 e p. 270-277), acompanhando detalhadamente o empreendimento e seu impacto econômico e industrial. Evidentemente, não pôde Marx compreender o efeito da experiência do *Crédit Mobilier* sobre a indústria francesa e sobre a Europa. Gerschenkron (1962, p. 12-13) abre a sua discussão sobre o papel dos bancos na industrialização retardatária com uma discussão sobre *industrial banking* sob Napoleão III e o papel do *Crédit Mobilier*. Destaca também a influência dos irmãos Péreire na moldagem dos bancos europeus, inclusive na Alemanha, onde os bancos de fomento industrial se transformaram na forma dominante de organização bancária. A influência do *Crédit Mobilier* sobre a formação e o desenvolvimento dos bancos universais na Alemanha é objeto de investigação mais detalhada de Cameron (1953) e Eckalbar (1979).

Em quarto lugar, o papel do crédito como uma poderosa alavanca na transição ao socialismo. Para Marx, "o sistema de crédito servirá como uma poderosa alavanca no curso da transição do modo de produção capitalista para o do trabalho associado, entretanto apenas como um elemento de outras revoluções orgânicas amplas no próprio modo de produção" (p. 743). Esse papel é logo diferenciado das "ilusões sobre o poder miraculoso do sistema de crédito e dos bancos, no sentido socialista, que emerge da completa ignorância sobre o modo de produção capitalista e sobre o sistema de crédito como uma de suas formas". Marx prossegue, retomando o centro da elaboração da parte V do volume III: "[N]a medida em que o modo de produção capitalista persista, persistirá o capital portador de juros como uma de suas formas e de fato constitui a base do seu sistema de crédito" (p. 743). Segue-se a referência ao crédito gratuito. Ou seja, a longa discussão realizada nos *Grundrisse* fundamenta uma curta frase aqui.

Comentários finais: da crítica a Darimon à "poderosa alavanca"

Ponto de partida nos *Grundrisse* e tema de capítulos finais do volume III de *O capital*, o papel do crédito na transição ao socialismo é um tema complexo, sobre o qual Marx oferece vasta avaliação crítica e sugere uma formulação, enfática mas aberta, que é na verdade uma agenda de pesquisa bastante abrangente.

A pesquisa e a elaboração de Marx sobre o tema, como indicado pelo acompanhamento de sua trajetória dos *Grundrisse* até *O capital*, são riquíssimas em termos teóricos, inclusive apresentando pontos ainda pouco explorados em elaborações contemporâneas sobre a metamorfose do dinheiro e do sistema de crédito.

A elaboração de Marx, talvez sintetizada na sua avaliação contraditória do sistema de crédito como elemento que por um lado impulsiona o desenvolvimento das forças produtivas, mas por outro é fonte de crises do sistema e uma poderosa alavanca na transição ao socialismo, foi fonte de controvérsias importantes no século XX.

Esse caráter dual e contraditório foi expresso durante todo o século XX. De certa forma, essa avaliação alimentou polêmicas importantes. Rosa Luxemburgo e Bernstein, por exemplo, na sua controvérsia sobre a natureza do movimento socialista no início do século XX, têm como um dos pontos mais importantes justamente a polêmica sobre o impacto do sistema de crédito no sistema capitalista contemporâneo.

O caráter dual e contraditório do sistema de crédito também continua a alimentar propostas controversas, como as contidas em propostas como a de Roemer (1994), demonstrando a sua atualidade.

Em relação à crise econômica atual, essa avaliação de Marx sobre a natureza dual e contraditória do sistema de crédito é certamente uma introdução útil.

Finalmente, para uma elaboração socialista e democrática capaz de formular um programa a altura dos desafios apresentados pelo capitalismo contemporâneo, é necessário desenvolver um importante legado de Marx: a agenda de pesquisa sobre o papel do crédito como "uma poderosa alavanca" na transição ao socialismo.

Essa elaboração sobre o papel do sistema financeiro na transição ao socialismo se combina com o desenvolvimento de outros "germes visíveis", que são o sistema de inovação e o sistema de bem-estar social, componentes essenciais de um programa de transformação do capitalismo contemporâneo. Esses três pilares da elaboração programática são subordinados à construção democrática, que é o motor da superação do sistema capitalista.[12]

Referências

ALBUQUERQUE, E. *Inovações, mutações*: o progresso científico-tecnológico em Habermas, Offe e Arrow. Belo Horizonte: UNA. 1996.

ALBUQUERQUE, E. Plano e mercado na história do pensamento econômico: quatro rodadas de um grande debate. *Estudos Econômicos*, v. 38, n. 2, p. 373-395. 2008.

ALBUQUERQUE, E. Causa e efeito: contribuições de Marx para investigações sobre finanças e inovação. *Revista de Economia Política* (artigo aceito para publicação). 2009.

BASTIAT, F.; PROUDHON, P. J. (1863) Gratuité du crédit. In: BASTIAT, F. *Oeuvres complétes*. Tome cinquième, p. 94-335. Paris: Guillaumin et Cie. Disponível em: <http://gallica.bnf.fr/>.

BRAUDEL, F. *Civilização material, economia e capitalismo: séculos XV-XVIII*. São Paulo: Martins Fontes, v. 3: O tempo do mundo (1996).

CAMERON, R. The Crédit Mobilier and the economic development of Europe. *The Journal of Political Economy*, v. LXI, n. 6, p. 461-488. 1953.

CAMERON, R. France. In: CAMERON, R.; CRISP, O.; PATRICK, H.; TILLY, R. *Banking in the early stages of industrialization*. New York: Oxford University, p. 100-128. 1967.

DARIMON, A. (1856) *De la réforme des banques*. Paris: Librairie de Guillaumin et Cie. Disponível em: <http://gallica.bnf.fr/>.

DOCTRINE DE SAINT-SIMON: première année – Exposition 1829. Paris: Bureau de L'Organisateur/A Mesnier (1830). Disponível em: <http://gallica.bnf.fr/>.

ECKALBAR, J. E. The Saint-Simonians in industry and economic development. *Amercian Journal of Economics and Sociology*, v. 38, n. 1, p. 83-96. 1979.

ENFANTIN, B. P. (1831) *Religion saint-simonienne: économie politique et politique* – articles extraits du Globe. Paris: Imprimerie du Guiraudet. Disponível em: <http://gallica.bnf.fr/>.

---

[12] A combinação entre democracia, sistema de inovação e sistema de bem-estar social encontra-se esboçada em trabalho anterior (ALBUQUERQUE, 2008).

GERSCHENKRON, A. *Economic backwardness in historical perspective*. Cambridge: Harvard University. 1962.

GRAY, j. (1831) *The social system: a treatise on the principle of exchange*. Edinburgh: William Tait. Disponível em: <http://books.google.com>.

HILFERDING, R. (1910). *Finance capital: a study of the latest phase of capitalist development*. London, Boston, Melbourne and Henley: Routledge & Kegan Paul, 1981.

INTERNATIONAL INSTITUTE OF SOCIAL HISTORY (2008) *Karl Marx/Friederich Engels Papers*. Amsterdam: IISG. Disponível em: <http://www.iisg.nl/archives/pdf/10760604.pdf>.

KINDLEBERGER, C. P. *Manias, panics and crashes: a history of financial crises*. Hampshire: Macmillan Press (2nd edition). 1989.

KRÄTKE, M. Geld, Kredit und verrückte Formem. *MEGA-Studien*, n. 1, p. 64-99. 2001.

KRÄTKE, M. Le dernier Marx et le Capital. *Actuel Marx*, n. 37, p. 145-160. 2005.

MARX, K. (1857-58) *Grundrisse*. London: Penguin Books (1973).

MARX, K. (1859) *Para a crítica da economia política*. In: MARX. São Paulo: Abril Cultural, p. 3-113 (1982).

MARX, K. (1861-63) *Theoires of surplus value*. Books I, II and III. Amherst: Prometheus Books (2000).

MARX, K. (1867) *Capital*, Volume I. London: Penguin Books (1976).

MARX, K. (1885) *Capital*, Volume II. London: Penguin Books (1978).

MARX, K. (1894) *Capital*, Volume III. London: Penguin Books (1981).

MARX, K.; ENGELS, F. (1856-1858) *Collected Works*: Volume 15. Lawrence & Wishart: London (1986).

NELSON, A. *Marx's concept of money: the god of commodities*. London/New York: Routledge. 1999.

PÉREIRE. J. (1832) *Leçons sur l'industrie et les finances*. Paris: Imprimerie du Guiraudet. Disponível em: <http://gallica.bnf.fr/>.

PROUDHON, P-J. (1851) *Système de contracitions économiques ou la filosofie de la misère*. Tome II. Paris: Garnier Fères, Libraires, IIeme edition. Disponível em: <http://books.google.com>.

PROUDHON, P-J. (1848) *Organisation du crédit et de la circulation, et solution du problème social*. Paris: Garnier Frères Libraires. Disponível em: <http://books.google.com>.

PROUDHON, P-J. (1849) *Banque du peuple*. Paris: Garnier Frères Libraires. Disponível em: <http://books.google.com>.

ROEMER, J. *A future for socialism*. Cambridge, Mass.: Harvard University. 1994.

ROSDOLSKY, R. (1968) *Genesis y estructura de "El Capital" de Marx*. México: Siglo XXI (1978).

SCHUMPETER, J. (1954) *History of Economic Analysis*. London: Allen & Unwin (1986).

SCHUMPETER, J. (1970) *Théorie de la monnaie et de la banque*. (2 vol) Paris: L'Harmattan (2005).

SIMMEL, G. (1907) *The philosophy of money*. London: Routledge. 3rd edition (2004).

THE ECONOMIST (2008) *Special report: The World Economy – When fortune frowned*. October 9th, 2008. Disponível em: <http://www.economist.com/specialReports/show-survey.cfm?issue=20081011>.

VILAR, P. *O ouro e a moeda na história*. Lisboa: Publicações Europa-América. (s.d). 1974.

Valor e esgotamento do Capitalismo nos *Grundrisse*

João Machado Borges Neto

Um dos trechos mais notáveis dos escritos de Marx encontra-se nos *Grundrisse*. Trata-se da passagem cujo subtítulo é "Contradição entre a base da produção burguesa (*medida do valor*) e seu próprio desenvolvimento. Máquinas, etc.":

> O intercâmbio do trabalho vivo por trabalho objetivado, isto é, pôr o trabalho social sob a forma da antítese entre o capital e o trabalho, é o último desenvolvimento da *relação de valor* e da produção fundada no valor. O suposto desta produção é, e continua sendo, a magnitude do tempo imediato de trabalho, o *quantum* de trabalho empregado como o fator decisivo na produção da riqueza. Na medida, entretanto, em que a grande indústria se desenvolve, a criação da riqueza efetiva se torna menos dependente do tempo de trabalho e do *quantum* de trabalho empregados, que do poder dos agentes postos em movimento durante o tempo de trabalho, poder que, por sua vez – sua *powerful effectiveness*[1] – não guarda relação alguma com o tempo de trabalho imediato que custa a produção, senão que depende antes do estado geral da ciência e do progresso da tecnologia, ou da aplicação desta ciência à produção. (O desenvolvimento desta ciência, essencialmente da ciência natural e, com ela, todas as demais, está por sua vez em relação com o desenvolvimento da produção material.) A riqueza efetiva se manifesta antes – e isto o revela a grande indústria – na enorme desproporção entre o tempo de trabalho empregado e seu produto, assim como na desproporção qualitativa entre o trabalho, reduzido a uma pura abstração, e o poderio do processo de produção vigiado por aquele. O trabalho já não aparece tanto como incluído no processo de produção, mas antes o homem se comporta como supervisor e regulador com respeito ao próprio processo de produção. (O dito para a maquinaria é válido também para a combinação das atividades humanas e o desenvolvimento do comércio humano.) O trabalhador já não introduz o objeto natural modificado, como elo intermediário, entre a coisa e si mesmo, mas insere o processo natural, a que transforma em industrial, como meio entre si mesmo e a natureza inorgânica, a que domina. Apresenta-se ao lado do processo de produção, no lugar de ser seu agente principal. Nesta transformação o que aparece como o pilar fundamental da produção e da riqueza não é nem o trabalho imediato executado pelo homem, nem o tempo em que este trabalha,

---

[1] Poderosa efetividade.

mas a apropriação de sua própria força produtiva geral, sua compreensão da natureza e seu domínio da mesma graças à sua existência como corpo social; em uma palavra, o desenvolvimento do indivíduo social. *O roubo do tempo de trabalho alheio, sobre o qual se funda a riqueza atual,* aparece como uma base miserável comparado com este fundamento, criado pela própria grande indústria. Tão pronto como o trabalho em sua forma imediata deixou de ser a grande fonte da riqueza, o tempo de trabalho deixa, e tem que deixar, de ser sua medida e, portanto, o valor de troca[2] deixa de ser a medida do valor de uso. O *mais-trabalho da massa* deixou de ser condição para o desenvolvimento da riqueza social, assim como o *não-trabalho de uns poucos* deixou de sê-lo para os poderes gerais do intelecto humano. Com isto desmorona a produção fundada no valor de troca,[3] e ao processo de produção imediato se retira a forma da necessidade apremiante e do antagonismo. Desenvolvimento livre das individualidades e, portanto, não redução do tempo de trabalho necessário com vista a pôr mais-trabalho, senão em geral redução do trabalho necessário da sociedade a um mínimo, ao qual corresponde então a formação artística, científica, etc., dos indivíduos graças ao tempo que se tornou livre e aos meios criados por todos. O próprio capital é a contradição em processo, [pelo fato de] tender a reduzir a um mínimo o tempo de trabalho, enquanto, por outro lado, põe o tempo de trabalho como única medida e fonte da riqueza. Diminui, pois, o tempo de trabalho na forma tempo de trabalho necessário, para aumentá-lo na forma do trabalho excedente como condição – *question de vie et de mort*[4] – do necessário. Por um lado desperta para a vida todos os poderes da ciência e da natureza, assim como da cooperação e dos intercâmbios sociais, para fazer que a criação da riqueza seja (relativamente) independente do tempo de trabalho empregado nela. Por outro lado propõe-se medir com o tempo de trabalho estas gigantescas forças sociais criadas desta sorte e reduzi-las aos limites requeridos para que o valor já criado se conserve como valor. As forças produtivas e as relações sociais – umas e outras aspectos diversos do desenvolvimento do indivíduo social – aparecem-lhe ao capital unicamente como meios, e não são para ele mais do que meios para produzir fundando-se em sua base mesquinha. *In fact,*[5] porém, constituem as condições materiais para fazer saltar esta base pelos ares. "Uma nação é verdadeiramente rica quando em vez de 12 horas se trabalham 6. *Wealth*[6] não é disposição de tempo de trabalho" (riqueza efetiva) "senão *disposable time,*[7] à parte do usado na produção imediata, para cada indivíduo e toda a sociedade" [*The Source and Remedy,* etc., p. 6.].[8]

---

[2] A partir da segunda edição do Livro I de *O capital*, Marx passou a fazer uma distinção rigorosa entre o valor e o valor de troca, e a tratar este como forma de expressão daquele. A frase no texto seria mais bem escrita, então, como: "o valor deixa de ser a medida do valor de uso". A esse respeito, ver Young [1976].

[3] Do mesmo modo, a frase seria mais bem escrita como "a produção fundada no valor".

[4] Questão de vida ou de morte.

[5] De fato.

[6] Riqueza.

[7] Tempo disponível.

[8] Marx cita aqui um escrito anônimo: *The Source and Remedies of the National Difficulties, deduced from Principles of political Economy in a Letter to Lord John Russel. London,* 1821.

> A natureza não constrói máquinas, nem locomotivas, ferrovias, *electric telegraphs, selfacting mules,*[9] etc. Estes são produtos da indústria humana; material natural, transformado em órgãos da vontade humana sobre a natureza ou de sua atuação na natureza. São *órgãos do cérebro humano criados pela mão humana*; força objetivada do conhecimento. O desenvolvimento do capital *fixe*[10] revela até que ponto o conhecimento ou *knowledge*[11] social geral se converteu em *força produtiva imediata* e, portanto, até que ponto as condições do processo da vida social mesma entraram sob os controles do *general intelect*[12] e [foram] remodeladas conforme ele mesmo. Até que ponto as forças produtivas sociais são produzidas não apenas na forma do conhecimento, senão como órgãos imediatos da prática social, do processo vital real (Marx, 1972 [1857-58], p. 227-230. Correspondem às p. 592-594 da edição alemã.)

A importância dessa reflexão (não retomada em *O capital*) foi reconhecida há muito tempo, e recentemente ela tem sido objeto de uma nova atenção. As interpretações de seu sentido básico e do interesse por ela, porém, diferem. Uma primeira interpretação foi feita por Ernest Mandel [1967], Roman Rosdolsky (2001 – edição original de 1968) e, de forma menos clara, Claudio Napoleoni [1982 – edição original de 1970]. Uma interpretação distinta (ou pelo menos com um foco muito diferente) tem sido feita mais recentemente, a partir da publicação em 1989 de um artigo de Ruy Fausto: "A pós-grande indústria nos *Grundrisse* (e para além deles)".[13] Entre os autores que aceitaram essa interpretação, estão Eleutério Prado (2005) e Benedito Moraes Neto (2005). Prado, cujo objetivo central é analisar a fase recente da economia capitalista, refere-se também a outro autor, Daniel Bensaïd (1995, 2003), que, desde 1995, em diversas obras, tem-se baseado na passagem reproduzida acima para falar do atual "desregramento do mundo" capitalista.

Neste trabalho, em primeiro lugar, serão comentadas essas distintas interpretações. Em segundo lugar, será feito um comentário sobre a análise feita por Marx, nos *Grundrisse* e em *O capital*, das contradições da economia capitalista que apontam para seu esgotamento, e sobre o debate a respeito.

Em terceiro lugar, valendo-se desses comentários, será proposta uma interpretação do sentido atual do texto reproduzido acima e será feita uma breve referência à crise de longa duração por que passam a economia mundial capitalista e toda a civilização que se apoia sobre ela.

---

[9] Telégrafos elétricos, fiadoras automáticas.

[10] Fixo.

[11] Conhecimento, saber.

[12] Intelecto geral.

[13] Revista *Lua Nova*, São Paulo, n. 19, 1989. Republicado em Fausto [2002], p. 128-140.

Interpretações do texto citado dos *Grundrisse*

Ernest Mandel, num belo capítulo de *La Formation de La Pensée Éco-nomique de Karl Marx* (MANDEL, 1967), intitulado "Os *Grundrisse* ou a dialética do Tempo de Trabalho e do Tempo Livre", diz que "Marx tem aqui o pressentimento do que será a automação cada vez mais avançada, e da rica promessa que ela contém para uma humanidade socialista" (MANDEL, 1967, p. 106 da edição francesa; p. 112 da edição brasileira.) Ou seja, ainda que Marx se apoie na identificação de tendências discerníveis a partir do desenvolvimento da grande indústria capitalista, trata nesse texto de uma economia não mais capitalista, isto é, já socialista. Roman Rosdolsky analisa essa passagem exatamente no mesmo sentido num capítulo de *Gênese e Estrutura de O capital, de Karl Marx,* intitulado "O limite histórico da lei do valor. Observações de Marx sobre a ordem social socialista" (ROSDOLSKY, 2001, p. 345-361), especialmente na sua segunda seção: "O papel da maquinaria como precondição material para a sociedade socialista" (p. 353-357). Esses títulos falam por si mesmos.

Já a análise de Napoleoni (1982), na "Introdução" a *O futuro do capitalismo* oferece mais dificuldades para sua interpretação, ainda que pareça caminhar numa direção semelhante. Esse autor diz o seguinte:

> Dessa caracterização do maquinismo, Marx deduz – nos *Grundrisse* – uma conseqüência que, no âmbito de sua teoria geral do processo capitalista, passa a assumir um papel de grande importância: já que o princípio do processo produtivo não está mais no trabalho executado, mas sim na máquina enquanto materialização de uma consciência separada do próprio operário, o produto não é mais produto ou, se se prefere, trabalho incorporado. [...]

> Para Marx, isso implica uma contradição, que leva – para usar precisamente sua expressão – ao "colapso" da produção mercantil de tipo capitalista. Esta contradição tem, para Marx, um modo concreto de manifestação, que seria o seguinte. Já que o trabalho é colocado pela máquina na referida posição subordinada, os métodos de produção adquiriram com isso as características necessárias para que, com o próprio progresso da acumulação, a quantidade de trabalho seja reduzida a uma quantidade mínima. Por outro lado, dado que a valorização continua a se basear nas quantidades de trabalho incorporadas, e dado que – precisamente em conseqüência disso – o lucro depende do excedente do trabalho global sobre o trabalho necessário, tem-se que o capital – exatamente na medida em que põe as condições para a redução das quantidades globais de trabalho – impede que tais condições dêem seus frutos, já que, ligado como é à produção do lucro, tende a diminuir apenas o trabalho necessário, e não o trabalho global. Assim, ter-se-ia chegado a uma situação na qual, tendo o trabalho se convertido em algo cada vez mais acentuadamente supérfluo, ele continua porém a ser empregado nas

mesmas quantidades de sempre. É precisamente por isso que, segundo Marx, "a produção baseada sobre o valor de troca entra em colapso".[14]

Ou seja, Marx estaria tratando aqui de uma situação já incompatível com a continuidade do modo capitalista de produção.

No entanto, desde a publicação em 1989 do artigo "A pós-grande indústria nos *Grundrisse* (e para além deles)",[15] de Ruy Fausto, uma interpretação bastante diferente da passagem comentada foi introduzida no debate brasileiro. Como o título do artigo indica, Fausto propõe aqui a interpretação de que Marx trataria aí de uma *terceira forma do modo capitalista de produção* (cuja predominância caracterizaria a pós-grande indústria, período posterior à manufatura e à grande indústria, analisadas por Marx em *O capital*).

É certo que Fausto reconhece que essa interpretação pode dar lugar a dúvidas, e que não é este o sentido pretendido por Marx. Logo na abertura do texto, ele se pergunta: "Haveria em Marx uma teoria do capitalismo de pós-grande indústria? A resposta não é muito simples" (FAUSTO, 2002, p. 128]). Um pouco adiante, ele diz:

> Os *Grundrisse* refletem sobre as modificações por que deve passar o sistema em seu desenvolvimento, modificações que introduzem, sem dúvida, uma ruptura qualitativa. Mas o texto não caracteriza de forma bem clara esta ruptura enquanto ruptura. Sem dúvida, as negações aparecem como negações no sistema,[16] entretanto elas são tomadas antes como negações no interior da forma específica. Elas não são apresentadas, pelo menos explicitamente, como seríamos tentados a fazer hoje (*mutatis mutandis*) como constituindo uma *terceira forma*, cuja predominância definiria um novo período na sucessão das formas do sistema, para além da manufatura e da grande indústria. É o que tentarei fazer aqui, elaborando para esta terceira forma conceitos análogos aos que Marx utilizou para a primeira e a segunda (FAUSTO, 2002, p. 128-9).

E numa nota acrescentada à edição de 2002, ele observa:

> [...] a teorização que irei desenvolver não supõe a idéia de que o modo de produção capitalista enquanto tal chega efetivamente ao fim com esta terceira forma (forma que tem certas analogias com a situação atual), só supõe que nesta terceira forma *do capitalismo* se operam modificações "fundamentais". Isto implica

---

[14] Na tradução deste trecho dos *Grundrisse* que abre este trabalho (feita por mim a partir da edição em espanhol de Siglo XXI Argentina Editores –, a frase está como "desmorona a produção fundada no valor de troca" ou, mais exatamente, de acordo com a Nota nº 2, "desmorona a produção fundada no valor".

[15] Ver nota 13.

[16] Fausto não esclarece por que as negações aparecem ("sem dúvida"!?) como negações no sistema (isto é, no capitalismo), e não do sistema (isto é, negações do próprio capitalismo).

> tomar distância crítica em relação ao texto de Marx. De fato, Marx considera que esta nova situação daria os pressupostos do fim do sistema, mesmo se é preciso considerar que o texto põe entre parênteses – mas não elimina – o problema *político* da passagem para um além-capitalismo (FAUSTO, 2002, nota 115, p. 179).

Além de reconhecer que sua interpretação não corresponde ao sentido pretendido por Marx, Fausto afirma também que a situação descrita não corresponde à atual fase da economia capitalista, ainda que "tenha certas analogias" com ela, como disse acima. A nota prossegue:

> Qualquer que seja a riqueza deste texto, há uma dupla distância entre a realidade que ele descreve e a de hoje: por um lado, mesmo se há analogias entre as duas situações, o capitalismo atual parece se acomodar, apesar de tudo, com esta nova constelação; por outro, mesmo que não se acomodasse, a passagem [não] seria possível – e nisso Marx estaria de acordo – sem um grande movimento de ordem política (FAUSTO, 2002, nota 115, p. 179).

Ao se apoiar no texto de Marx para definir uma terceira forma do processo de produção capitalista, Fausto se interessa fundamentalmente pelos aspectos relacionados com a situação do trabalhador e por sua relação com o capital e a maquinaria. Não se detém sobre a ênfase de Marx na tendência ao desmoronamento do capitalismo ("a produção fundada no valor") que as mudanças antecipadas no processo produtivo deveriam gerar – possivelmente porque, como a nota acima indica, acredita que "o capitalismo parece se acomodar, apesar de tudo, com esta nova constelação". Ou seja: a principal diferença que Fausto aponta entre a antecipação realizada por Marx e a situação atual tal como ele a vê é que as mudanças no processo produtivo e na relação do trabalhador com o capital e a maquinaria que lhe permitem falar de uma "pósgrande indústria" podem ser assimiladas pelo próprio capitalismo.

No artigo "Observações sobre os *Grundrisse* e a História dos processos de trabalho" (MORAES NETO, 2005), Benedito de Moraes Neto se refere à análise de Fausto da pós-grande indústria. Apesar de algumas diferenças, ele a aceita, no fundamental, ainda que seu foco seja outro: a análise das forças produtivas (capitalistas) no atual momento histórico (o início do século XXI), a afirmação das limitações do taylorismo-fordismo (que poderia ser caracterizado como um "desvio mediocrizante") (p. 28) e, assim, de boa parte da evolução industrial do século XX. Sua conclusão é de "o século XX é e será inteiramente *grundrisseano*. [...] a 'colagem' dos *Grundrisse* à História se dá por força da superação de uma fase inteiramente caracterizada pelo fordismo" (p. 29). Esta "colagem dos *Grundrisse* à História" significa para o autor exatamente a adequação do texto reproduzido na abertura desse trabalho à situação atual.

Por outro lado, Moraes Neto fala da "exacerbação da tão famosa contradição posta por Marx entre as forças produtivas e as relações de produção capitalistas" (p. 29), o que parece indicar que ele não vê a contenção das forças produtivas "*grundrisseanas*" no interior do capitalismo como coisa tranquila.

Já Eleutério Prado, em *Desmedida do valor: crítica da pós-grande indústria* (PRADO, 2005), que reúne artigos redigidos nos dois anos anteriores, aceita a caracterização de Fausto da pós-grande indústria com base no texto dos *Grundrisse*, mas destaca o acirramento das contradições que essa fase do capitalismo trouxe. É esse o sentido do título do livro "desmedida do valor". Para ele, a *desmedida do valor*, isto é, o funcionamento muito problemático da lei do valor, com o que o capitalismo "foi perdendo, cada vez mais, sua regulação interna sistêmica" (p. 15) é uma característica central dessa fase.

Assim, Prado se apoia em Fausto, mas está menos interessado na análise lógica das formas do processo de produção capitalista, e mais em mostrar que o capitalismo entrou numa fase de grandes contradições após a profunda crise dos anos 70 do século XX e em compreender suas características – em especial a problematização da lei do valor. A passagem reproduzida dos *Grundrisse*, bem como a análise que Fausto faz dela, é apenas algumas das suas referências[17]: os artigos debatem com um conjunto de autores bastante mais amplo.

Um dos autores em que Prado se referencia é o francês Daniel Bensaïd, e essas referências se centram em diversos usos que tal autor faz do texto dos *Grundrisse*, desde a publicação, em 1995, de *Marx, l'Intempestif* (BENSAÏD, 1995). De fato, Bensaïd atualiza a interpretação da passagem dos *Grundrisse*, num sentido que destaca o "desregramento do mundo" atual.

Alguns dos parágrafos mais sugestivos nessa empreitada estão na primeira parte de *Un Monde à Changer* (BENSAÏD, 2003), intitulada "Os desregramentos do mundo". É útil reproduzi-los:

> [...] a crise atual não é apenas uma crise econômica, é uma crise "política e moral", uma crise de civilização inerente às contradições íntimas da lei do valor. Como Marx o tinha anunciado, a redução de toda coisa e da própria relação social ao tempo de trabalho abstrato tornou-se cada vez mais miserável e irracional, ao fio e à medida da socialização crescente do trabalho e da incorporação de uma parte crescente do trabalho intelectual ao processo de trabalho. Esta crise social e ecológica se traduz tanto pelos fenômenos de exclusão e de desemprego massivos (ao invés de os ganhos de produtividade beneficiarem o desenvolvimento de todos), quanto pela incapacidade do

---

[17] Mas é uma referência central justamente para a questão da "desmedida do valor".

mercado de organizar com vista ao longo prazo as relações da espécie humana com as suas condições naturais de existência (p. 21-2).

A socialização crescente do saber e a incorporação massiva do trabalho intelectual à produção exigem uma metamorfose do trabalho e uma revolução radical da medida social que permita avaliar de outra maneira as riquezas, organizar de outra maneira as trocas, determinar e satisfazer de outra maneira as necessidades (p. 24).

[...] se o mundo não é uma mercadoria, se tudo não pode ser comprado ou vendido, qual lógica deve ganhar daquela, impiedosa, do "individualismo proprietário", da corrida pelos lucros, do interesse privado e do cálculo egoísta?

À medida que a relação de propriedade sobre a qual repousa a lei do valor entra em contradição cada vez mais antagônica com a socialização crescente do trabalho e com a incorporação crescente do trabalho intelectual acumulado ao trabalho social, esta questão se torna explosiva. Assim, como Marx previu em seus *Manuscritos de 1857-1858*, "o roubo do tempo de trabalho alheio sobre o qual repousa a riqueza atual" aparece então como "uma base miserável", pois "desde que o trabalho deixa de ser a grande fonte da riqueza social sob sua forma imediata, o tempo de trabalho deixa necessariamente de ser sua medida e, portanto, o valor de troca deixa de ser a medida do valor de uso". A exacerbação desta contradição constitutiva do processo de acumulação capitalista está na raiz do desregramento do mundo, de sua irracionalidade crescente, dos danos sociais e ecológicos (p. 33).

[...] Estes quebra-cabeças filosófico-jurídicos[18] são o produto de contradições cada vez mais explosivas entre a socialização do trabalho intelectual e a apropriação privada das idéias de um lado; entre o trabalho abstrato que é objeto da medida mercantil e o trabalho concreto dificilmente quantificável que desempenha um papel crescente no trabalho complexo, de outro lado. Destas contradições resulta um desregramento generalizado da lei do valor e da medida miserável da riqueza social (p. 39).

[...] A incomensurabilidade entre valores mercantis e valores ecológicos dá testemunho dos limites históricos do modo de produção capitalista. É o que Marx compreende nos seus *Manuscritos de 1857-1858*, quando prevê que a redução do trabalho a uma pura abstração quantitativa e a integração crescente do trabalho intelectual à produção acabará por fazer do "roubo do tempo de trabalho alheio", sobre o qual a riqueza atual [repousa], "uma base miserável" nociva ao desenvolvimento humano possível. A medida em tempo de trabalho tornar-se-á assim incapaz de medir as forças sociais gigantescas criadas. Esta malmedida do mundo traz nela o desregramento generalizado [tanto] das relações sociais quanto das relações entre a sociedade e as condições naturais de sua reprodução" (p. 50).

Chegando neste ponto, vale a pena registrar alguns comentários conclusivos.

Parece claro que a passagem citada dos *Grundrisse* tinha para Marx o sentido de apontar para tendências que a economia capitalista teria *com*

---

[18] Bensaïd faz aqui referência a debates relacionados com o tema da "propriedade intelectual".

o desenvolvimento da grande indústria.[19] Esse desenvolvimento, tornando o "roubo do trabalho alheio" "uma base miserável" para a riqueza social, tornaria a regulação da economia capitalista pela lei do valor e pela busca do lucro cada vez mais precária. Assim, "desmorona a produção fundada no valor". Tais desenvolvimentos produtivos, e o fim do capitalismo, abririam a possibilidade da expansão não antagônica da riqueza social e do livre desenvolvimento das individualidades. Mesmo os autores que se interessaram pelo texto dos *Grundrisse* sobretudo para analisar a pós-grande indústria capitalista (Fausto e Moraes Neto; Prado se apoia no texto tanto para subsidiar sua análise da pós-grande indústria quanto para apontar a *desmedida do valor* que vê como característica dessa fase) reconhecem, como vimos, que o objetivo de Marx foi falar de tendências de superação do capitalismo.

Dito isso, é legítimo apoiar-se no texto de Marx para analisar a fase atual da economia *capitalista*? Da maneira como o fazem Prado e Bensaïd, parece claro que sim, uma vez que acentuam o aguçamento das contradições do capitalismo. Prado, além disso, justifica sua caracterização da fase atual da economia capitalista como "pós-grande indústria" com referências muito mais amplas e variadas; os parágrafos dos *Grundrisse* têm o papel de dar base para alguns aspectos dessa caracterização, e justamente os relacionados com a *desmedida do valor*.

Com relação a Fausto e Moraes Neto, é possível dizer que procuram mostrar que Marx antecipou aspectos da situação atual da economia *capitalista* sem que fosse esse o seu objetivo. Marx teria, assim, acertado no que não viu. É possível duvidar da adequação desta análise à situação atual; mas não há razão para ver nisso nenhuma ilegitimidade.

Marx sobre o esgotamento histórico do Capitalismo

A discussão do texto dos *Grundrisse* relaciona-se, portanto, com um dos temas centrais dos debates marxistas: o do caráter apenas *histórico* (e não eterno, nem "natural") do modo capitalista de produção e, portanto, da sua tendência ao esgotamento. Se o capitalismo não pode ser considerado "a forma definitiva" da economia, ele deve se esgotar em algum ponto do futuro.

Além disso, Marx defendeu uma concepção da luta socialista oposta à do socialismo utópico, isto é, a uma concepção que pregava o socialismo com base em uma denúncia moral das injustiças do sistema, e que pretendia

---

[19] Ele diz textualmente: "Na medida, entretanto, em que a grande indústria se desenvolve [...]". E mais adiante fala do "fundamento criado pela própria grande indústria".

"inventar" um novo sistema social de acordo com regras da razão. A superação do capitalismo, isto é, o socialismo (ou comunismo) deveria para Marx ser construída valendo-se do enfrentamento das contradições do próprio capitalismo – e em primeiro lugar de suas contradições econômicas.

O debate dos caminhos pelos quais Marx se propôs a fundamentar a tendência ao esgotamento do capitalismo e a necessidade da sua superação é imenso. Comentá-lo foge inteiramente às possibilidades deste trabalho. Para o raciocínio desenvolvido aqui, basta uma breve referência ao que pode ser considerado o principal argumento de Marx nesse terreno – *a lei da tendência decrescente da taxa de lucro*, lei esta que se relaciona com a tendência a crises recorrentes de superprodução de mercadorias e superacumulação de capital, que encontramos, principalmente, no capítulo XV do Livro III de *O capital*.

Essa *lei* esteve desacreditada por grande parte dos marxistas, principalmente pelo impacto do chamado *Teorema de Okishio* (OKISHIO, 1961). A situação começou a mudar nos últimos anos, com a divulgação de uma refutação desse teorema.[20] No entanto, os próprios autores que realizaram tal refutação tendem a avaliar que a interpretação mais correta da *lei* de Marx não estabelece que a taxa de lucro deva cair de forma progressiva e irreversível – não apenas pela presença dos "fatores contrários à lei" analisados por Marx no Capítulo XIV do Livro III, mas fundamentalmente pela destruição de capital que é levada a cabo nas crises. A destruição de capital abre a possibilidade de uma retomada da taxa de lucro. Desta forma, Andrew Kliman, por exemplo, diz que "a tendência da taxa de lucro expressa não o declínio secular da rentabilidade, mas a recorrência das crises" (KLIMAN, 2000, p. 55).

Ora, a recorrência das crises é um argumento importante para demonstrar a irracionalidade do capitalismo e a impossibilidade de que ele supere suas contradições. Não é suficiente, no entanto, para fundamentar a ideia de que ele deve se esgotar – a não ser que se demonstre que as crises ou, mais em geral, a irracionalidade do sistema tendem a se tornar crescentemente mais graves.

A lei da tendência decrescente foi exposta por Marx já nos *Grundrisse* (p. 277-286 da edição em espanhol de Siglo XXI Argentina Editores), e foi retomada em *O capital* (capítulos XIII a XV do Livro III). Como Marx diz em *O capital*, ela é

> [...] apenas outra expressão para o progressivo desenvolvimento da força produtiva social do trabalho, que se mostra exatamente no fato de que, por meio do crescente emprego de maquinaria e de capital fixo, de modo geral mais matérias

---

[20] Uma síntese dos argumentos contrários ao "Teorema de Okishio" é encontrada em Kliman (2007), especialmente no capítulo 7, p. 113-138.

primas e auxiliares são transformadas pelo mesmo número de trabalhadores no mesmo tempo, ou seja, como menos trabalho, em produtos (MARX, 1988b, p. 155).

A vinculação dessa lei com o texto dos *Grundrisse* aqui estudado é clara. Marx trata nos dois casos de efeitos do progresso técnico, da ampliação da capacidade produtiva. Nos dois casos, o que está em questão é o desenvolvimento contraditório entre a capacidade humana de produzir *valores de uso* (que é crescente) e a capacidade de produzir *valor* (que não cresce a partir do progresso técnico). Ou seja, há um descompasso crescente entre produção de valores de uso e produção de valores, o *valor* se torna cada vez mais incapaz de ser a medida dos *valores de uso*. Como Marx deixou claro já no capítulo I do Livro I, esse desenvolvimento contraditório é consequência do duplo caráter do trabalho produtor de mercadorias:

> Força produtiva é sempre, naturalmente, força produtiva do trabalho útil concreto, e determina, de fato, apenas o grau de eficácia de uma atividade produtiva adequada a um fim, num espaço de tempo dado. O trabalho útil[21] torna-se, portanto, uma fonte mais rica ou mais pobre de produtos, em proporção direta ao aumento ou à queda de sua força produtiva. Ao contrário, uma mudança da força produtiva não afeta, em si e para si, de modo algum o trabalho representado no valor. Como a força produtiva pertence à forma concreta útil do trabalho, já não pode esta, naturalmente, afetar o trabalho, tão logo faça-se abstração da sua forma concreta útil[22] (MARX, 1988a, p. 53).

Tanto o texto dos *Grundrisse* quanto a lei da tendência decrescente da taxa de lucro baseiam-se em desdobramentos da lei do valor. A queda da taxa de lucro quando aumenta a força produtiva pode ser legitimamente considerada como um exemplo do descompasso entre a abundância da produção de valores de uso e sua medida como valor – ou seja, como um caso especial do problema tratado no texto dos *Grundrisse*.

Por isso é difícil entender como Claudio Napoleoni, na "Introdução" já citada, pôde dizer que "nem a tese da queda tendencial da taxa de lucro, nem as considerações relativas às crises periódicas dependem, em Marx, da teoria do valor" (NAPOLEONI, 1982, p. 36). Ele tem razão quando diz, um pouco antes, na mesma página, que o argumento do trecho que estamos estudando dos *Grundrisse* "é ligado, de modo direto, à teoria do valor". Mas o mesmo acontece com a queda tendencial da taxa de lucro.[23]

---

[21] Ou trabalho concreto. Marx intercambia os dois termos indistintamente.

[22] Isto é, quando se trata do trabalho abstrato.

[23] E com as crises periódicas – o exame deste ponto, no entanto, extrapola os limites deste trabalho.

É difícil dizer por que Marx não retomou em *O capital* o argumento dos *Grundrisse*. Uma possível explicação, ainda que insuficiente, é o caráter inacabado do Livro III. De qualquer maneira, o ponto que interessa destacar aqui é que o argumento dos *Grundrisse* é um complemento importante da discussão que Marx faz da *lei da tendência decrescente da taxa de lucro*, e um reforço notável da fundamentação da tendência do capitalismo ao esgotamento.

A inadequação do valor para medir os valores de uso é um problema constitutivo do capitalismo, como Marx deixa claro na análise do duplo caráter do trabalho no capítulo I de *O capital*. Essa questão, aliás, já era conhecida antes de Marx, na forma da diferença entre "riqueza" e "valor" e da limitação para medir a riqueza por meio do valor;[24] "riqueza" aqui é riqueza material, valores de uso; Marx fala mais frequentemente da diferença entre "riqueza abstrata" ou "riqueza monetária" e "riqueza material". No entanto, enquanto o trabalho foi a principal fonte da produção de riqueza, essa inadequação não impedia a regulação da economia capitalista pelo mercado.[25]

Quando Marx diz que "o valor de troca deixa de ser a medida do valor de uso", ele aponta para uma *inadequação crescente*, que torna o funcionamento "normal" da economia capitalista cada vez mais problemático. Assim, esse é um argumento poderoso para afirmar a existência de uma tendência a crises recorrentes *e crescentes* da economia capitalista e, portanto, uma tendência ao esgotamento do modo capitalista de produção.

A crise da economia capitalista e de sua civilização

Podemos passar, agora, à conclusão deste trabalho: um comentário sobre a atual crise da economia capitalista e a perspectiva de esgotamento do capitalismo.

Os parágrafos de Daniel Bensaïd citados acima deixam claro o caráter dos "desregramentos do mundo" que vivemos, bem como sua vinculação com a incapacidade crescente do valor de medir a riqueza, o bem-estar, bem como de dar base para a tomada de decisões cruciais para a humanidade em longo prazo. Esses desregramentos são claramente expressão da irracionalidade crescente de buscar regular a economia e a sociedade pelo valor e pela busca do lucro. Formam visivelmente uma crise de civilização.

---

[24] O tratamento mais notável desta questão está em Ricardo (1982), capítulo XX: "Valor e Riqueza – Suas Qualidades Específicas".

[25] Naturalmente, a regulação sempre se fez com crises, enormes desigualdades, miséria, etc.; trata-se da regulação possível na economia capitalista.

O que necessitamos é de uma produção *diretamente* de valores de uso, isto é, pensada para satisfazer necessidades humanas, e que use para isso formas de medir inteiramente diferentes do valor, levando em conta uma pluralidade de aspectos, quantitativos e qualitativos, econômicos e não econômicos.

Há uma característica da situação atual que não foi incluída nas antecipações dos *Grundrisse*, mas que está claramente relacionada com elas, que são as ameaças crescentes de catástrofes ambientais, principalmente a partir da tendência à mudança climática (ao aquecimento global). A incapacidade de se enfrentar essa questão baseando-se no capitalismo tem relação estreita com o fato de o capitalismo depender da regulação pelos mercados (pela lei do valor) e não ser uma economia voltada para produzir valores de uso e para satisfazer diretamente as necessidades sociais.

É certo que a profunda irracionalidade do capitalismo e sua capacidade de destruição já eram bem estabelecidas antes das ameaças atuais ao meio ambiente. Afinal, o século XX, antes de a questão ecológica se tornar tão candente, sofreu duas guerras mundiais e inúmeras guerras menores; e, com o aperfeiçoamento crescente das armas, a destruição trazida pelas guerras tende, obviamente, a se agravar. É possível dizer, no entanto, que as ameaças ambientais relacionam-se de modo mais direto com a irracionalidade do capitalismo, com a incapacidade de os mecanismos de mercado levarem em conta tudo aquilo que não é computado como custo privado ou como lucro.

Uma última observação é importante aqui: falar numa tendência ao esgotamento do capitalismo é diferente de dizer que ele terá um fim automático, e será substituído automaticamente por uma sociedade socialista. "Esgotamento do capitalismo" é um esgotamento *histórico*, uma situação em que a sua substituição é cada vez mais necessária para que a humanidade possa seguir adiante. Provavelmente a melhor maneira de falar desse esgotamento sem cair num determinismo economicista e mecânico é a palavra de ordem que foi usada por Rosa Luxemburgo: a alternativa é socialismo ou barbárie.[26] As ameaças ambientais reforçam de modo particularmente forte essa perspectiva.

Referências

BENSAÏD, Daniel. *Marx, l'Intempestif. Grandeurs et misères d'une aventure critique.* Paris, Fayard, 1995. [Edição Brasileira: *Marx, o Intempestivo. Grandezas e Misérias de Uma Aventura Crítica.* Rio de Janeiro: Civilização Brasileira, 1999.]

---

[26] Sobre este tema, Michael Lowy tem um excelente ensaio: "La significación metodológica de la consigna 'socialismo o barbárie" (*in* LOWY, 1975, p. 101-113).

BENSAÏD, Daniel. *Un monde à changer*: *mouvements et stratégies*. Paris: Textuel, 2003.

FAUSTO, Ruy. *Marx: Lógica e Política*. Tomo III. São Paulo: Editora 34, 2002.

LOWY, Michael. *Dialectica y Revolución*. México: Siglo XXI Editores, 1975.

KLIMAN, Andrew. "Endividamento, crise econômica e a tendência na queda da taxa de lucro – uma perspectiva temporal". *Revista da Sociedade Brasileira de Economia Política*, nº 6, jun. 2000, p. 48-73.

KLIMAN, Andrew. *Reclaiming Marx's "Capital"*. Lanham: Lexington Books, 2007.

MANDEL, Ernest. *La Formation de la Pensée Economique de Karl Marx*. Paris: François Maspero, 1967. [Há edição brasileira: *A Formação do Pensamento Econômico de Karl Marx*. Rio de Janeiro, Zahar Editores, 1968.]

MARX, Karl. *Grundrisse — Elementos Fundamentales para la Critica de la Economia Política (Borrador)*, 1857-58. Siglo XXI Argentina Editores, vol. 2, 1972.

MARX, Karl. *O capital*. Livro I, Vol. I. São Paulo, Nova Cultural, 3. ed., 1988a.

MARX, Karl. *O capital*. Livro III, Vol. IV. São Paulo, Nova Cultural, 3. ed., 1988b.

MORAES NETO, Benedito Rodrigues de. "Observações sobre os *Grundrisse* e a História dos Processos de Trabalho". *Revista da Sociedade Brasileira de Economia Política*, nº 16, jun. 2005, p. 7-31.

NAPOLENI, Claudio. "Introdução". In: *O Futuro do Capitalismo*. Napoleoni, Claudio (Org.). Rio de Janeiro: Edições Graal, 1982, p. 7-58. [Edição original em italiano, com o título: *Il futuro del Capitalismo. Crollo o Sviluppo?* Roma-Bari, Laterza, 1970.]

OKISHIO, Nobuo. "Technical Changes and the Rate of Profit". *Kobe University Economic Review*, 7, 1961, p. 85-99.

PRADO, Eleutério. *Desmedida do valor. Crítica da pós-grande indústria*. São Paulo: Xamã, 2005.

RICARDO, David. *Princípios de Economia Política e Tributação*. São Paulo: Nova Cultural, 2. ed., 1982.

ROSDOLSKY, Roman. *Gênese e estrutura de* O Capital *de Karl Marx*. Rio de Janeiro: Contraponto/EDUERJ, 2000. [Edição original em alemão, 1968.]

YOUNG, Gary (1976): "A Note on Marx Terminology". *Science and Society*, v. 40, n.1, Spring, p. 72-78.

Sobre os autores

Eduardo da Motta e Albuquerque
Cedeplar – UFMG.

Ester Vaisman
Professora do Departamento de Filosofia da UFMG.

Hugo Eduardo de Gama Cerqueira
Professor do Cedeplar – Universidade Federal de Minas Gerais.

João Antonio de Paula
Professor do Cedeplar/Face/UFMG.

João Machado Borges Neto
Professor do Departamento de Economia da PUC-SP e do Programa de Estudos Pós-Graduados em Economia Política.

Leonardo de Deus
Professor da UFOP.

Maria de Lourdes Rollemberg Mollo
Professora do Departamento de Economia da Universidade de Brasília.
Email: mlmollo@unb.br.

Maurício C. Coutinho
Professor do instituto de economia da UNICAMP.

Rolf Hecker
Presidente da Berliner Vereins zur Förderung der MEGA - Edition e.V.
Site: www.marxforschung.de.
Email: rolfhecker@versanet.de

QUALQUER LIVRO DO NOSSO CATÁLOGO NÃO ENCONTRADO NAS LIVRARIAS PODE SER PEDIDO POR CARTA, FAX, TELEFONE OU PELA INTERNET.

Rua Aimorés, 981, 8º andar – Funcionários
Belo Horizonte-MG – CEP 30140-071

Tel: (31) 3222 6819
Fax: (31) 3224 6087
Televendas (gratuito): 0800 2831322

vendas@autenticaeditora.com.br
www.autenticaeditora.com.br

ESTE LIVRO FOI COMPOSTO COM TIPOGRAFIA MINION E IMPRESSO EM PAPEL CHAMOIS 80 G NA FORMATO ARTES GRÁFICAS.